HUGIBOOKS

HUGIBOOKS

HUGIBOOKS

HUGIBOOKS

你不需人見人愛

守護自己，拿捏與世界最適距離的50個練習

利坪（이평）——著
馮燕珠——譯

目錄

CONTENTS

第二章

關於自己

以我的速度，朝我的方向前進

第三章

關於愛情
靠近的心靈，撤退的勇氣

作者序
從練習愛自己開始

久未聯絡的大學同學傳來訊息，「最近過得好嗎？」因為一看到訊息就不小心點開，所以顯示已讀取。我趕忙想回覆，卻突然停住了。如果回「就這樣」，看起來好像無所事事的人；如果回「最近很忙」，感覺又好像有點炫耀的意味，想想還是暫時先不回覆，先找間咖啡店坐坐。

因為正逢下班時間，我刻意遠離熙熙攘攘的鬧街，在巷弄裡找了間安靜的咖啡店。挑了個空位，我先把筆電包放著，然後到櫃檯點餐。看著菜單猶豫了好一會兒，店員問：「請問要點什麼？」看著店員的臉，不知為何一時心急脫口而出最安全的選擇，「一杯冰美式。」結完帳便回到座位。

打開筆電，瀏覽《你不需人見人愛》的原稿，想起了朋友的訊息，思索該如何回覆而猶豫不決，又想到剛剛在店員詢問下急忙點餐一事，「其實只要回個訊息說過得還不錯就好了，有什麼好苦惱的呢？」「剛才只要跟店員說再想一下就好，何必那麼急呢？」

應該要努力讓他人知道自己是獨立的個體，我能完全照著自己的意志生活，但實際上卻並非如此。雖然覺得沒有必要對所有人都說好，但仍無法避免會過度在意他人。仔細想想，在寫這本《你不需人見人愛》的同時，其實有時候我的生活過得與書中的內容並不一樣。看別人臉色，自我安慰是以退為進，在心裡說服自己，輸的人才是贏家而容忍一切。在寫這篇序文的同時，心裡也覺得不太平靜，或許是越想越生自己的氣吧！

作者序
從練習愛自己開始

正在讀這篇文章的你也有類似的經歷嗎？在人際關係或愛情中，是不是光顧著努力，卻把自己的幸福拋在腦後？是不是為了做個善良的人，而一直屈從牽就別人？試著一邊閱讀本書，一邊回顧自己過去的想法。即使自認是個獨立的個體，過著獨立自主的生活，但事實上我們仍然需要不斷練習。只有知道愛自己的方法並澈底實踐，才能真正幸福。

第一章

非必要的關係，就算拋棄也無妨

何謂堅持守護正道的人生？
不見容於社會的事就不做，這一點毋庸置疑。
如果用更有彈性的角度來看，
應該可以解釋為過著比較接近幸福的生活。

那些不在關係中拚命的人

／有自己的界限

有些人不管什麼事都習慣配合對方，在可以的範圍內，他們試圖妥善解決問題，最好遠離所有在人際關係中可能出現的麻煩。比起堅持主張，他們更習於讓步；比起利益，他們多半選擇犧牲。但是他們通常會有隱藏的界限，當不管怎麼忍耐，情況依然沒有任何變化，當他們真的忍無可忍之際，會變得比任何人都冷酷，毫不猶豫的率先處理關係。這也許是理所當然的結果，因為平時的忍耐只是為了避免感情消耗，他們並非不憤怒，只是沒有表現出來而已。

討厭不替別人著想的人

容易與他人建立及斷絕關係的人通常不喜歡這些話：

「憑我們的交情，這樣不算什麼吧！」

「開不起玩笑嗎？」

「幹嘛要破壞氣氛啊？」

他們不容許別人以友情名義隨便說些不知輕重的話，不管關係再怎麼親密，他們還是以尊重為基礎，經常問候的同時，也保持適當的距離，彼此禮尚往來，有困難互相幫助，但對於像個人家庭之類的話題則嚴肅看待，多半會沉默的迴避，視為最崇高的關係。

習於孤獨

這種人天生具有「我的人生我自己會看著辦」的「My Way」氣質，個性獨立，無論什麼事都獨自完成，所以不習慣依賴別人，也不容易對別人傾注真心。對人沒有明顯的好惡之分，也不會隨便發脾氣。他們腦中充滿了自我的未來、夢想、目標，人際關係和愛情終究都是人生歷程的一部分而已，不會接受超出或不及這個範圍內的關係，對於這些人來說，孤獨就像是另一個世界的事。

無法理解「欲擒故縱」

有些人會故意惹惱對方、挑剔別人，用這種方式讓他人對自己留下深刻的印象。他們認為只有能夠互開玩笑、惡作劇、互揭瘡疤，才能證明關係很好。但對於無法理解這種方式的人來說，這些行為只會讓人覺得不舒服，不了解「為什麼總是讓情況變得很尷尬？」表面上似乎接受別人的玩笑，但不久便隨即慢慢遠離。刺傷了別人的人可能覺得自己只是單純開玩笑，但最後往往卻是失去所有情誼。這兩種人的關係就像水和油一樣，永遠不相融。

／對人際關係的「斷點」較高

有些人講話像刀一樣尖銳，向他們訴苦有時反而會被批評：「有什麼不滿就要當場說出來啊！為什麼要一個人忍耐，等到事後才爆發出來？」但我想對那些人說，別人只是沒有選擇當下透過對話的方式解決，因為內向的人會一邊觀察情況，一邊努力先讓自己冷靜下來。但是誰會連這樣的過程都因過度的干涉和不滿而點燃了「斷點」呢？

斷絕關係時很澈底

不留後患，連周圍其他有關的人也一併絕交。這是因為推測可能會有第三者介入促成和解，為了避免麻煩，所以乾脆一開始就不給予任何機會。再者，一個群體要想維持正常，兩者之中總有一個人勢必會脫離群體。為避免製造多方干涉的聲音，一開始就決定完全斷絕一切。在斷絕關係之前，所有一切狀況都會先設想過。

集中精力做別的事

生活中本來就有很多事帶來壓力，為什麼還要連人際關係都感到痛苦呢？在公司，在工作中情感能量消耗很大，其他事情就順其自然吧，沒有必要為了與不合拍的人好好相處而費心。只要降低期待和失望，就會發現周圍其實有很多不錯的人。好好照顧自己的心情，在保持清醒的狀態下才能尋找新的幸福。

討厭某人是我自己的問題

有時候我們會沒有理由的特別喜歡某人，當然也會不明就理的特別討厭某人。這幾乎是每個人都會經歷的情緒，問題是討厭別人也需要耗費很多能量。當我們討厭一個人時，對他的一切行為都會覺得看不順眼，他隨便一句話或一點小小的動作都很容易被誤會，對於根本沒什麼的事也會過度敏感，「他到底為什麼要那樣？」「他怎麼會那樣想？」當這樣的想法不斷浮現時，討厭他的心已經無法挽回了。這些想法會造成一個接一個的成見，因為一點瑣碎的事而產生極度的厭惡，久而久之，就會形成「提前下結論」、「製造關係的裂痕」、「累積無法磨滅的積怨」，加諸在對方身上就是令人討厭的形象，就連再平常不過的對話也會成為討厭的理由。以那個討厭的人的形象為基礎，討厭他的情緒也會慢慢延伸擴大。

討厭一個人，對他的判斷也會變得極端。對沒有什麼想法的對方感到特別不舒服，別人說他「表面上看起來好像不懂事，其實只是比較調皮而已」，卻解讀為「假坦率、真無禮」，或心裡憤憤不平的想：「他是不是很瞧不起我，所以才會那樣對我？」這種情況主要發生在行為越線或彼此主張截然不同的時候，就連原本可以淡然處之的情況也會變成「無論如何你也不應該那樣啊！」如果不去正視問題，而是忍著過去，那麼隨著憎惡的擴大，肯定會成為嚴重的問題，在某個時間點爆發，如此一來，就等於走向崩潰的邊緣。

但是要知道，**如此討厭某個人，完全是我的責任，也就是自己的情緒問題**。因為對方不是我，當然不會按照我想要的樣子改變，說穿了，也沒必要改變，這是理所當然之事，不會因為你說討厭對方某一點而產生變化。當然，如果對方給我帶來直接的損失，那麼理當提出抗議或要求改正。不過從情緒方面來看，如果毫無理由的討厭對方，那就必須回過頭來仔細檢視自己的心理狀態。

不要浪費寶貴的精力去討厭別人，把那份能量用在自己身上，更珍惜自己、鼓勵自己。

應該珍惜的人，不能錯過的關係

在生活中，比起戲劇化的相遇，我們會逐漸更容易被舒適的關係所吸引。或許是因為在社會中生活越久，我們就越難表現真正的自己，因此不計較形式和禮儀問題，我們都喜歡從認識之後相處一直維持舒適感的人。不會假藉開玩笑的名義越過界限，或是把無禮當坦率，而是彼此越親近就越謹慎、關懷、信任。最重要的是彼此都沒有負擔，能舒服自在的延續關係就是最好的關係。但是我們在生活中會遇到很多人，在其中應該珍惜的人、不應該錯過的關係或許沒有想像中的多。在此就分享維持那樣關係的祕訣。

／沒有聯繫壓力，在一起相處感到舒服的人

雖然彼此都很忙，不能經常見面，但是當問到好朋友是誰時，自然而然就會想到對方。就算很久沒聚了，只要一見面，兩人就像昨天才剛見過一樣，很快就熱絡起來，聊個不停。平常只是彼此生活都很忙碌，沒有閒暇時間，所以很難碰面，一旦見了面，無論什麼時候都會感覺很自在、很開心。當然不會追究是誰先主動聯繫、什麼時候聯繫，一點壓力也沒有，如果身邊有這樣的人，絕對不能錯過。

與某人親近的含義根據時期和情況而不同，親密並不意味著要永遠親密，也不一定非得有不和而疏遠關係。因為有了應該優先考慮的家人，所以見面會變少；因為不得已的原因無法聯繫，關係也會中斷。這種關係的變化是分不清對錯的問題。如果真心珍惜對方，完全可以理解對方的情況。而且因為有一

起的回憶，所以如果情況發生，隨時都有可能再次親近。隨著年齡的增長，這種關係才會成為莫逆之交。

／不管在什麼情況下，始終陪伴在身邊的人

生活中總會遇到什麼都不想做，誰都不想見的時候，這時人際關係很容易崩塌，當一方不再努力維持聯繫、互相問候，久而久之，關係自然就斷了。在這樣的過程中常會面臨矛盾情緒，心裡覺得「我比較喜歡自己一個人」，想和別人保持距離，但另一方面卻又希望得到別人的關心。這種狀態稱為「刺蝟困境」，指的是在自我獨立的欲望以及與他人的一體感之間產生矛盾。任何人都可能陷入這種「刺蝟困境」。

我也曾經歷過那種時期。在大學時，由於肋骨的腫瘤而休學一段時間，因為長時間療養，當時連準備找工作都還不敢

想，一想到我的人生就想嘆息，對自己也感到寒心，也因此面對身邊的人總感覺自卑，聽到有誰工作順利的消息，就默默的調整與他的關係。那段時期，就這樣一聲不響的與許多朋友漸行漸遠。然而有一個高中同學堅持一直守在我身邊，即使我總是冷淡以對，他還是常常主動找我吃飯、兜風。幾次拗不過他的糾纏，只好出門赴約，但是心情不好的我對他老是這樣感到厭煩。但或許是他不間斷的敲擊，在我封閉的內心不知不覺敲出一道縫隙，某天，我請他到家裡來，對他說：「想想這段時間麻煩你很多，真是抱歉。不知怎麼的，我什麼事都不想做，也提不起勁與朋友見面。」朋友聽了之後說：「那也是情有可原。沒關係，我也曾經有過因為很多事情而感到心累的時候，但當時也有人常常隨口問我『吃飯了嗎？』『要去福利社嗎？』我也覺得很感謝。現在我只是把以前得到的再拿出來用在別人身上罷了，你不需要感到抱歉。這世上沒有不辛苦的人，但最辛苦的永遠是自己。」朋友的話讓我空虛的心有了生氣，我領悟到自己應該如何生活，如何與他人建立關係。多虧了身邊有個像平常一樣自然而然對待的朋友，我才能回到平常心。如果有人在你人生跌落谷底時還能陪在身邊，這樣的人絕對不能錯過。

傳遞正向能量的人

人並不是獨自生活在這個世界上，每個人都有各自的性格和喜歡，也與他人互相產生影響。有的人可以帶來良好的影響，相反的，也有總是帶來負面影響的人。假想有兩個人分別安慰考試考砸的朋友，A對朋友說：「平時就叫你要好好念書，你偏偏每天只顧著玩電動，考前才臨時抱佛腳，怎麼可能考得好呢？」批評朋友平常的生活；B卻說：「沒關係，下次可以考得更好，只要從現在起平時一點一點用功，一定會得到很好的成果。我們一起努力吧！」激發朋友的信心。如果是你，這兩個人中你想和誰交朋友呢？不要錯過能給予你正向能量和積極鼓勵的人。

在人際關係中應遵守的基本

／不做雙重約定

如果無法調整已經安排好的行程，那麼同時處理兩個約定也是不得已，不過這實際上並不容易。如果兩個約定的對象之間也認識，就沒有太大的問題，相契合的人在一起，有時可能會衍生預期之外的收穫，或牽引出意想不到的人脈。但如果約定的對象中，是萬一彼此見了面可能會不自在的關係，那麼可以想見雙方碰面會多尷尬，如果兩人有要緊的事要商量卻無法掌握氣氛時更是如此。這種情形一次、兩次或許可以算了，但如果成為常態，就不會想再和那樣的人見面了。

不要有需要時才聯繫

平時從不會互相問候的人，突然聯絡我說：「過得好嗎？」而且還不知從哪裡聽到我的近況，給予祝賀或慰問，接著下一句話很可能會是「那個……你要不要買個好東西？」除此之外，還有的是因為傳教、婚禮、葬禮通知等各種目的而聯絡的人，真正單純問候的情況很少。這都是因為有需要，才會藉著問候的名義聯繫。雖然因為好久沒聯絡了，所以想賣個面子接受，但是難免會感覺被利用，所以老實說，很想告訴對方就別聯絡了。因為只在需要的時候會找你的人，代表平時絕對不是你需要的人。

不要把彼此當成「情緒垃圾桶」

有好消息就到處宣揚，有壞消息就說三道四。當然，把我的消息告訴周圍親近的人，或是把別人的消息傳達給我並非不對的事，但也有人是唯獨想炫耀或抱怨時才會跟我聯絡，只顧著說自己的事情。或許我也是那樣的人，這就是我成了別人的「情緒垃圾桶」，或是把某人當作我的「情緒垃圾桶」。好事自然會傳開，壞事如果可以自己解決的話最好。自己的情緒基本上就自己解決吧。

不做無理的要求

自己不想做的事別人也不想做。如果覺得是苦差事，那對別人來說也很吃力。但如果你還是想推給別人，就代表即使對別人造成困擾或傷害，也不惜要達到目的。即使與對方的關係中斷也無妨，只想先顧及自己的私心。不要被個人利益或一點方便就矇蔽了雙眼，給他人帶來麻煩，這只會進一步破壞關係。

不以「不幸」決勝負

聽到別人喊累、辛苦，有些人會這麼說：「你受的苦算不了什麼，我那時候才慘呢！」「你又沒結婚，有什麼好擔心的？」難道非要貶低他人的辛勞，才覺得自己的辛勞更有價值嗎？只有比較誰比較累、痛苦，才算活著嗎？對於別人遭遇的困難，其實沒有必要說出自己曾經歷過的困境，表現出優越感，這等於是以訴苦為藉口的攻擊。

少管閒事

不要隨便干預他人的人生，最好不要給對方毫無誠意的建議，例如：「都幾歲了還不結婚？」「就是要經歷過痛苦才叫青春啊！多去外面看看，不然就多看點書吧。」這些都只是冠冕堂皇的建議。如果真能給予幫助就算了，但通常這些嘮叨只會破壞對方的心情。

不自說自話或打斷對方的話

對話中最重要的是情感交流，不是只顧著說自己想說的話，還要懂得傾聽，才能實現真正的交流。如果不關心對方的反應，只說自己的事情，很容易成為單方面的訴苦或炫耀，完全沒有考慮對方。這種人會隨意打斷別人的話，別人還沒說完就插嘴也若無其事。但這種方式不僅無法真正溝通交流，而且只會累積不滿的情緒。善於傾聽才是長久維持人際關係的方法。

想守護自己，就要懂得拒絕

我曾經因為錢的問題和朋友斷絕關係，理由只有一個，因為向我借錢的朋友最後逃走了。一開始沒有任何解釋，還款時間一延再延，後來乾脆人間蒸發，澈底斷了聯繫。錢固然重要，但更令我生氣的是他完全沒有任何說明。如果能充分告訴我有什麼不得已而無法償還資金，或許就能消除因溝通不足而產生的失望感和錯覺。例如：在我打電話給他卻不接的同時，我卻看到他在自己的社群網頁上貼了旅行的照片，讓我不得不懷疑「你有錢去旅行，卻沒有錢還我？」「難不成是看我好欺負，不打算還錢了嗎？你不接我的電話，卻覺得讓我看到你出去玩的動態也無所謂？」連我都覺得自己似乎挺沒出息的，不禁對那個朋友心生埋怨。

像這樣在對方的痕跡、行動上一一賦予意義，會對彼此關係產生致命的影響。「聽說他跟其他朋友都有聯絡，但為什麼只要我打電話就不接呢？」像追查事件真相的偵探一樣，自己聯想、推敲，心中早已定下結論。最後的結論必然是「他真是個很糟糕的人，以後再也不要往來了」，過去的情誼已經蕩然無存。而直到寫這篇文章的今天，我依然沒再接到那位「人間蒸發」的朋友的任何聯繫。

幾次與熟識的人在金錢往來中受到傷害後，我制定了自己的鐵律。

第一，**不管是親近的人或泛泛之交，都盡量不與之在金錢上往來**。為了我自己的身心健康，以及考量維持彼此之間的愉快氛圍，我會明確表達拒絕的意思。唯一的例外是對莫逆之交，這種狀況就不是「借」，而是直接「給」的想法。這樣的朋友，即使暫時聯繫不上，兩人也不會完全斷絕關係，也就是說彼此之間有一定程度的信任。就算隔了很久才見面，也不會因為借錢而覺得尷尬，還是能像過去一樣自然的相處。人們常說，一旦遇到金錢糾葛，人就會露出真面目。但也唯有彼此都能以真實面貌坦誠相對的關係，才能持久。

第二，**如果知道對方是非不得已不會麻煩別人的性格，我會借錢給他**。「要不是很緊急，他才不會向別人開口。」這樣的人平常絕對不會給別人添麻煩，因此一旦借了錢，無論如何都會償還，所以我會毫不猶豫借錢給他。

最後一點，就是要求自己務必堅持以上鐵律。要以堅決的態度，說不就是不。

以上述理由拒絕別人的請求，若責難之聲不斷就不再往來。因為從借錢一事可以很明顯看出，某些人會把彼此的關係作為手段，那種想盡辦法達到目的的樣子，看了讓人感到很失望，也由此可知那種人不來往也罷。但是不要說「太壞了」、「厚臉皮」這類情緒化的評論。因為對方也可能會說：「連錢都不肯借，只會批評人的不是。」只要單純說明不能借的理由後離開就好，那麼對方最多就是在背後抱怨你而已。

那麼如何拒絕那種有點熟又不會太熟的人的請求呢？如何避免讓氣氛變得尷尬，同時說出該說的話；在不損害原本關係的情況下，明確闡述自己的立場婉拒對方呢？所謂溫柔而堅決的拒絕，有什麼方法可以像電視劇《陽光先生》中出現的臺詞一樣，「用和藹的話和巨大的鞭子」扭轉對方呢？

首先，在給予明確答覆之前，先留一點時間。如果對方要求借錢，就說：「嗯，這不是我一個人決定的事情，我再考慮一下。」當然，這並不是真的要認真思考的意思，而是一種迂迴戰術，藉此傳達「雖然無意接受你的請求，但更不想傷害你的心情」的意思。如果很難明目張膽的拒絕，也可以藉由不讀訊息來迴避對話。例如：以工作忙要等晚一點才能確認為藉口，也是不傷害彼此感情的方法。

另外也很重要的是，要根據關係的親密度，考慮是否接受請求。雖然可能會被認為是算計，但如果不是很熟的關係，只是稍微認識而已，就不要太苦惱，斷然拒絕吧。擔心對方會不會因為討厭我，或是感到被背叛，這些都老派心理。狡兔有三窟，真的陷入困境的人通常會找許多人求救，增加機會。所以，如果自己都有困難，應該先顧好自己，這樣做完全沒有任何問題。因為即使對方需要錢，也不一定非得跟你借才能解決問題。

但是如果對方不放棄繼續拜託，不妨採用以下方法，就是借一點點就好。「我手頭也沒那麼寬裕，但是你說有困難已經沒有其他辦法了，所以我只能盡量先拿出十萬左右借你。」這也代表無法再容忍更多的金額。當然，要避免表現出高高在上的態度，不要忘記這是為了從「有義氣」的名分和「煩心」中擺脫出來的做法。

用以上這些方法，任何人都可以婉拒別人的要求。如果不敢堂堂正正的說出「不行」、「不是」、「很難」等拒絕的話，很容易被當作是好欺負的人，原本簡單的請求會變本加厲成為困難的請求，形成相互不信任的人際關係。我的人生應該由我來守護，為了保護自己，請好好拒絕吧！

關係，好的時候要珍惜

很多人因為生活上一些不順利，就牽怒周圍的人，例如：家人或交往很久的情人、朋友，對他們發脾氣、擺臉色。我也曾經那樣，最近時常想起以前因為自己遇到麻煩的難關，就以不成熟的態度對待他人，以自己精神緊繃為藉口，不知傷害了多少人，讓我認真反省和檢討以前的自己，想起來會忍不住氣自己：「當時為什麼那樣？」對一些無需計較的小事會鑽牛角尖。如果立場互換，我遇到這樣敏感易怒的人，可能早就不相往來了，但是在我身邊的人卻默默的忍受這樣的我，像安慰孩子一樣陪伴我，想來真是感激不盡。

平常不懂得珍惜，往往要到關係真正破裂後，才了解到在自己周圍的人有多珍貴。如果只顧著自己，凡事隨心所欲，從不為他人著想，時間久了，身邊的人會一個個離開。所以要珍惜與他人相處的關係，用心延續。

天下沒有永遠的關係

關係好的時候，感覺這樣的關係會永遠存在，但這時是最需要小心的時候。在彼此變得不拘小節的瞬間、不再先一步想到對方的瞬間、逐漸忽略表達感謝和歉意、認為一切都理所當然的瞬間，在這些時候關係就很容易因為一點瑣碎的事而造成破裂。因此不要認為他人的關懷是理所當然，得到了什麼就要道謝，做錯什麼就要儘快道歉。要明白，我們自認只是開玩笑或小失誤，在別人眼中可能是無禮的行為，會讓原本信任的人留下難以癒合的傷口。所謂的感情，最終都是透過努力累積信任而建立的。

越親近越要守禮

應該摒棄「我們都這麼熟了，可以不用那麼正式了吧。」這樣的想法。我們不能被習慣欺騙而隨意對待重要的人，任何理由都不能使感情暴力、情緒勒索正當化。因為對方是好人，而且信任你，所以才會幾次忍受你的無禮。不要把應該珍惜的人當作「情緒垃圾桶」，若是經常說類似「哎喲！我們之間就別計較那麼多了。」「憑我們的關係，你連這種程度的玩笑都開不起嗎？」這樣的話，就等於是親手把珍貴的關係一個一個扔進垃圾桶。

訴苦、建議都要有分寸

每個人都會有難過的時候，當然可以向別人訴苦，但不能成為習慣，因為沒有人會喜歡一直聽到讓人心累的故事，所以最好不要經常把讓自己痛苦的事丟給別人。時間很寶貴，對重要的人只說重要的話，對好人多說些好話，在對話中以平和、正面的心態消除彼此的痛苦。

我們都無法完全理解他人，因此很難給予百分之百的安慰，事實上，在吐露苦惱的同時，其實本人最清楚答案是什麼。即使想盡辦法提出各種建議，但大部分還是會按照本人自己的想法去做。因此，下次如果遭遇困難，不如先自己靜下心來好好思考，不要再拿苦惱當藉口去折磨他人了。

有時也會那樣，一切總會變好的

與無法溝通的人對話，常常不知不覺就會生氣。在那種人面前，理性、合理的應對不具意義，這個時候應該就放任對方，直到他自己疲憊不堪為止。雖然也有很多話想說，但面對這種人「不說話」才是明智之舉。要時刻記住，人不會輕易改變。就像阿拉伯諺語一樣：「你可以相信一座山移動了位置，卻不必相信一個人會改變個性。」所以不需要在不會改變的事物上花費心力，沒有必要因為試圖與無法溝通的人對話反而給自己造成壓力。為此，最好養成以下健康的思考習慣。

就讓他去吧

當那類型的人因為某件事而情緒大爆發，就以「讓他去吧」的心態面對。因為他本來就是那種個性的人，會有那樣的反應並不意外，所以不要再好奇追究。我們不要平白無故的因為別人的事而承受壓力，只要不會造成傷害，就讓他去吧。

我的錯？你的錯？

當人際關係出現裂痕時，很多人會先檢討自己，但我們要努力消除那種想法。應該想是對方沒有我好，是他都只為自己著想，所以才會有這樣的結果。無論是學校生活還是在職場，我們周遭到處都存在著想利用別人的人，所以有時人際關係出現問題可能是因為環境使然，是我自己運氣不好遇到那樣的人罷了。不要用無謂的理由貶低自我、折磨自己。人際關係的問題通常沒有正確答案，有時就只能怪罪別人才能獲得解決。

/不要成為那樣的人

人們通常不會站在他人的立場思考，因為人類習慣以自我為中心，無論如何都會為自己的行為賦予正當性、合理性，就算對別人漠不關心，做出未顧及他人的行為，心裡也不會感到過意不去。看著那樣的人好像很容易賺到錢，也沒遭遇什麼大困難，人際關係似乎也沒什麼阻礙，但事實上怎麼可能呢？所以不要隨便以自己的觀點批評判斷他人，努力不要讓自己成為那種自私自利的人。

閒言碎語，不說也不聽

「在人前不能說的話，在背後也不要說。」這是我在看到他人因在背後詆毀而發生爭執的狀況後，得到的領悟。我也曾因捲入其他朋友之間的矛盾而失去友情，那是在大學發生的事，我並沒有特別站在哪一邊，只是聽取了雙方的說法，沒想到卻讓所有人對我留下不好的印象。雙方圍繞某個問題說出各自的想法，就在一句話、兩句話之間發生誤傳。後來還聽到有人說都是因為我，才讓情況變得更嚴重，我彷彿成了和平的犧牲品，被不斷飛來的石頭砸中，真的很痛苦。當時我下定決心，「當別人在暗地裡批評他人時，光是身處在那個現場就是個問題了。不要聽、不要說，也不要表現任何意見，若不想再被牽扯，一開始最好就迴避。」

因為那件事，讓我在剩下的大學生活中成了邊緣人，但也算是經一事、長一智，讓我掌握了人生的智慧，如今回顧起來，也是不壞的經驗。之後只要有人對我說：「那個A啊……我不知道這樣說好不好，不過你聽聽就好。」之類的話，我都會說：「不用了，我對別人的事不感興趣，不用告訴我沒關係。」並快速轉移話題。不得已還是聽到時，我就淡淡的回應：「喔，有那種事啊！」不表示任何私人意見。在背後批評別人、說長道短的行為，是一把會傷害所有人的「雙刃劍」。

那麼如果遇到習慣說別人閒話的人，乾脆拒絕往來不就好了嗎？但是在實際生活還是很難完全避免，因為在群體社會生活中，時常會在無意間評論別人，有時自己都沒有發覺。例如：在公司與同事閒聊，免不了會聊到像「你認識○○部門的

A嗎？最近他因為那件事被盯得很慘，你也聽說了吧？」話題便開啟了，互相說些自己聽到的小道消息。因此，為了避免出現意外的誤會，只有管好自己才是最好的方法。再追加一點，少說話、不要對任何問題發表看法。若不得已成了聽眾就默默聽著。話一旦多了，故事自然就會越來越長；故事變長了，就可能成為推波助瀾的幫凶。如果不能離開現場，也要想辦法迴避話題。

然而無論怎麼小心，在生活中還是都很難避免因人際關係帶來的困境。如果因為對在背後評論別人而反應過度，很可能會被認為特立獨行、自命清高。不管是人際關係或社會生活，都是由無數複雜的事件構成，這是沒有辦法的事。只能認清習慣詆毀別人的人，不管用什麼方式都會詆毀別人，這樣自己才會好過一點。只有守住自己的原則，不要與他們同流合汙，走自己的路，就不會受到任何打擊。這就是我們應該「Keep going」的理由。

不要分享祕密比較好

無論關係多麼親近，有些家務事或個人私事盡量還是不要告訴別人較好。好消息說了可能會招致嫉妒，不好的事說了也許會成為弱點。在人際關係中「祕密」或許有助於形成深厚的義氣，但不幸的話也可能成為互揭瘡疤的戰爭。有時只是尚未引燃火種而已，跟不定時炸彈沒有兩樣。

向熟識的人訴苦等於是說：「踐踏我吧！你可以吃定我了」沒兩樣。如果遇到自卑感嚴重或充滿被害意識的人，就更嚴重了。我所吐露的苦水，或許在平時只是當作茶餘飯後的消遣話題，在必要時會成為一種手段，以此為弱點來動搖我，以達到目的。或者會把我的祕密當作一種資料，視狀況活用，好比與自己的處境相比，安慰自己說：「跟他比起來我的狀況好多了，他真可憐。」在心裡暗自慶幸。或者在背後拿出來與他人議論，「跟你說件事，我有一個朋友怎樣怎樣……」一次、兩次的與不同的人分享。

很多人內在和外表不一樣，人是立體的，每個人都有爽朗的一面，同時也會有不美好的一面，是相對的。在以自我利益為優先的情況下，就算再好的朋友也可能會背叛，這就是人類。因此，如果屬於自己的「一級祕密」，就應該給自己下緘口令。

想與人保持距離，做個凡事深思熟慮的人比想像中困難。當我們覺得疲累時，很自然會想依靠別人得到建議或安慰，這就是人心。但是，實際上真心願意想聽別人訴苦的人並不多。如果是很親近的人，或許會傾聽幾次，但恐怕沒有人願意一直不斷的聽別人的訴苦。有些人即使願意傾聽，也多半是因為好奇，而且聽過之後提出沒有幫助的建議。每個人的人生中遇到的問題都不一樣，大家都忙著過生活，如果不是專家很難給予實質的幫助。覺得疲累的時候，寵物的療癒或尋求醫生協助的作用還比較大。

習慣對他人發牢騷、吐苦水，也是一種消磨自我的行為。也許會被打上「充滿負能量的人」、「在一起時會不開心的人」的烙印，反而越來越孤獨。即使有時可以從朋友身上得到共鳴和力量，但最終要克服的還是自己。我們可以從別人身上得到一些安慰，但問題絕對沒有解決，所以應該集中心力在解決問題本身。遇到困難時，自己先試著盡力堅持，以堅實的信念尋找解決方案。只有經過反覆嘗試後累積的經驗、自己創造的能力、自身具備的優點和從容才能守護自我。

人生在世，有時會被信任的人在背後捅一刀，深厚的關係也可能會因為一些意想不到的原因而破裂。即使過濾掉不適合相處的人，但有些人也會像必要之惡一樣，再次出現在我們周圍。無論怎麼小心，還是不免會踩到狗屎，但不能每次都因此而氣憤、痛苦，可以想想知名主持人劉在錫所說的：「十件事當中可能有一件事不如意，但只要想著還有九件好事繼續過生活就好了。」以淡然的態度度過每一天。

人生不是靠正確答案而變得穩固，有時不一定要強求解答，留下問號，順其自然，或許這就是人生吧。當負面情緒像流水一樣被沖走，在某一瞬間就會被遺忘，平順的度過每一瞬間的危機，在看似黑暗的人生中，也會出現明亮的光芒。

忘記給予，但要記住得到了什麼

趁早放棄「我付出了那麼多，你也應該給我相同的回報。」這種補償心理，這樣會有助於維持我們內心的平靜。相對的，即使得到的不是實質的物品，也要表達感謝之意。

在人與人相處時，很多時候即使我付出了一百分，得到的回報可能還不到十分。如果是不太熟識的人，我們可能不會期待對方的回報，然而感情越深厚、越親密，就越容易省略了感謝，因此常常遇到「最愛的人傷我最深」這種狀況。當然還是要視情況而定。有些人嘴上不說感謝，卻會在日後另外以實質性的幫助或其他方式報答。

當我為某人付出卻感覺對方並未替我著想時，心理會覺得不開心，甚至懷疑與對方的感情。對這個人，當我處處替他著想，為他做這個做那個，不僅沒有獲得對方相對的回報，反而感覺自己好像被當成好欺負的人似的，當然會受到很大的傷害，甚至會怪罪自己。

所以當你對他人付出時，最好自己先摒除任何期待，不要記得你付出了什麼，這樣對自己的心理健康有益，與對方的關係也較不會受影響。

毫無期待的付出，雖不奢望物質上的補償，但多少想得到一點心靈回報，可以試試這個方法：不求他人的感謝或稱讚，而是由「我」給自己「付出這麼多，我很開心」的爽快情緒。當你對心愛的家人或好朋友、喜歡的人付出時卻沒有回報時，這樣的態度會將失望轉換為自豪。

如果還是很希望得到相對應的回報，那麼就用文字或口頭約定，「我給你這樣的幫助，當我需要時，你也要給我相應的協助。」也就是說，不是「施予」而是「借助」的方式，達成何時、以何種方式給予協助的協議，就不會那麼失望了。若是對方不遵守約定，就讓他付出代價。例如：在協議中定好違反條件時的懲罰，最壞的情況就是從此不相往來。因為就算勉強維持關係，也會在心裡留下疙瘩，而且會越來越擴大。

最重要的是，如果對方並未要求，自己自作主張的給予幫助後未得到回報，就不要感到失落。因為我的善意雖不能成為對方的權利，但也不該成為主張自我權利的理由。

建立良好關係的好話

會說話的人真的越看越神奇，只是細心選擇了不同的詞句而已，就讓人聽了覺得很舒服。他們會考量當下的氣氛，在言談中可以感覺到充滿了關懷的氣圍。不是以舌粲蓮花或阿諛奉承達到目的，而是自然的打開對方的心門，說出想說的話。只要說的話中聽，對方就會很滿意，那麼自己也可以提高說服的力量。這種時候不能故意隱瞞特定意圖，只說些表面的話。當然，所有的話語都有意義，但即使如此，還是要盡可能溫和的表達真心，那麼無論意圖為何，都會讓聽者心情愉快。需要說服某人時，可以用言語的力量讓對方欣然接受我的請託，如此也可以節省時間，所以會說話是很重要的。

那麼有什麼方法可以把話說得漂亮呢？最重要的是以尊重為基礎開始對話。應該先考慮對方，學會傾聽對方說話，中間不打斷是基本禮儀，像聆聽重要人士談話一般表達尊重。不要只說自己想說的話，務必先傾聽，在平順的氣氛下，任何對話都會愉快的進行。

更具體的方式，就是不管什麼樣的對話，都以對方為主，這並非只是點頭認可，而是要表現認同。我們常會下意識的以自我為中心，例如：「我今天想出去走走。」雖然像是提出建議，但不可否認的還是把自己的意志和喜好擺在前面。就算換個語氣，先考慮到對方而詢問：「我們出去走走怎麼樣？」但實際上也並未擺脫以自我為主體。這樣不只沒有給人親和的印象，也很難依照自己的意向說服對方。

那麼怎麼說才好？句子必須重新改寫。句子的主體不是自己，而是對方，像是不要說：「我們去哪裡走走好嗎？」而是說：「想給你一個美好的體驗。」或「想帶你去個很不錯的地方。」又好比提出建議時，不要用「一起推動工作吧。」而是「如果你能加入這個專案，相信一定會有很好的成果。」這樣才有利於說服他人。

將對方作為句子的主體，這方法看似沒什麼特別，卻很重要。在說服別人時可以增加助力，合作時能激發欲望。因為把對方當主角看待的態度，會讓人產生「既然這麼看重我，這個人應該值得信賴」的印象。

像這樣改變句子的主體，改變對話方式，就能成為會說話的人，不過更重要的是練習。要持續練習，透過實際經驗了解各種狀況，養成習慣，發展出適合自己的說話方式。水裝在什麼容器中，就會成為什麼形狀，而話就像人的容器，根據人的說話方式，可以塑造新的面貌。

毅然決然，堅定，頑強

社會越發展，剝奪感就變得越來越嚴重。暴漲的房價沒有下降的跡象，許多人就算借錢也不惜將全部財產投入股市或虛擬貨幣市場。雖然平均收入不低，但勞動的價值已經變得微乎其微，如果連股票或虛擬貨幣都不投資，差距可能會更大，這些想法讓人焦慮。

我也一樣，聽到有人在股市賺了大筆大筆的錢，心裡就會焦躁不安。努力工作賺錢，不斷取得好的表現以提高年薪，這些似乎變得毫無意義。「週末可以休息嗎？應該要加快研究投資才對吧？」看到別人賺大錢羨慕是理所當然的，尤其在現今經濟緊縮的時代，更是讓人眼紅。

相對剝奪感，是指人將自己的處境與某種標準或參照物相比時，發現自己處於劣勢，同時意識到自己理應擁有那種權利或資格，但是卻被奪走了，就會產生相對剝奪感。美國精神分析家愛德華・比卜林（Edward Bibring）說：「任何人面對優越的力量，就會感到無力。」特別是在網路世界中遇到經濟差距較大的對象，都會產生無力感和莫名的恐懼感，這種情緒經過比較後成為對自我消滅性的判斷。如前所述，進行計畫以外的消費和投資就是例子。

那麼應該把相對剝奪感視為自然的心理現象，順應它或消極以對嗎？其實若能明確指出情緒的本質，就不一定要那樣。**相對剝奪感的本質是羨慕，而羨慕是每個人都會有的情緒。本身並非否定也不是肯定，而是根據什麼樣的心態來決定方向。**大體上如果毫無心理準備就湧現比較意識，會很容易產生否定性。若能透過思想修練提高意識的層次，就可以改變。假設現在我們處於憂鬱的底層，以改變的意志將思想提升到另一個階段試試看，以下就介紹兩種有助於消除相對剝奪感的方法。

回顧自己

並非以特定時間為基準回顧，而是回想過去支撐我人生的各種支柱。不管是環境、物質或學術基礎等都可以，在我們腦海中浮現，讓我們能認同「我的人生比想像中過得還不錯啊」的一切。不要只是單純思考，最好寫下來，那些不管何時都會在我身邊支持我的父母和朋友、存摺裡儲蓄的錢、每個月一次小旅行的閒暇等。

若想樹立更合理的心態，也可以這樣想，「兩年前吃一餐要花五千韓元都讓我很有壓力，但現在覺得就算花一萬韓元也能接受。」或是「學生時期從父母那裡拿零用錢，現在換我出錢招待父母去旅行了。」你會發現人生並不算太糟。**只要回顧自己過去正向、積極的一面，就可以減少因外界訊息、比較意識、羨慕嫉妒等情緒產生的自卑感和被剝奪感，同時還能重新評價被低估的人生。**不僅可以讓自我從消極轉向積極，透過這個過程還能展望未來，「一直以來都只顧著向前走，不曾回頭看，所以沒發現在過去那些困境中，我的人生其實越來越好。」是的！這就是將剝奪感反向利成為成長的原動力的祕訣。

／在人際關係中保持距離

相對剝奪感產生的原因之一是比較意識，而在人際關係中保持距離就是消除比較意識的方法。透過與比較對象保持一定距離或不接觸，以擺脫心理約束。不管是炫富、一夜致富之類會誘發自卑感的事都符合。一旦確認那就是折磨心靈的因素，就應該立即切斷。現今網路發達，可以從社群網站接收到很多那樣的訊息，一旦找出來源就斷然取消訂閱。如果消息來自周圍的人，則可以減少與對方聯繫，避免接觸。

但若是很熟的朋友，有些地方需要特別注意。如果想和他們某種程度站在同等位置，就必須適度的融入。**為了避免相對剝奪感而讓自己遠離朋友，反而會衍生孤立的問題。為了調適心理，可以自己設定一個時間，準備好隨時可以再次與他們接觸。**「前陣子工作比較忙都沒跟你聯絡，不好意思。」或是「找個時間有空一起喝咖啡吧。」主動出擊，這樣就可以避免被指責不說一聲就消失，只會在有需要的時候才跟朋友聯繫。

透過以上的方法，就可以避免被比較意識或相對剝奪感所動搖，可以成為更穩重、更堂堂正正的人。在人生中，即使經歷很多挫折和傷痛，最終也不會失去自尊。每個人的人生都會有起伏，不要太執著瞬間的成就，不要失去珍貴的自己。今天一天也辛苦了，希望你能堅定自己的中心，成長為健全的人。

怎麼會發生這種事呢？

A與B在很短的時間內就迅速變得很親近，A愛管閒事，對任何事都喜歡參與意見。B的耳根子軟，很容易被說服。這兩個性格相反的人怎麼會變得如此親近？看他們經常見面一起吃飯、聊天，想必是因為寂寞拉近了兩人的距離。

有一天，這兩個人出現了問題。事件的起因，是兩人在討論股票，A斬釘截鐵的說：「我跟你說，買這支股票絕對不會後悔。」B一開始半信半疑，但很快就被說服，決定相信A而投資買了A推薦的股票。但不久後因為種種因素，讓B虧了一半的本錢。「這可怎麼辦？你要負責。」B半認真的對A說，沒想到A立刻臉色一變跟B劃清界限，「這不是我的責任。雖然我推薦你買，但最終還是你自己的選擇啊。」聽到這句話的B一下子情緒就爆發了。明明當初A信誓旦旦的說一定賺，「相信我買就對了，你絕對不會後悔，我保證。」結果現在卻撇得一乾二淨。看著A厚顏無恥的抵賴，真是可惡極了。從此以後，兩人就經常會因為一點點小事而起爭執，再也無法像以前那樣親密了。

那麼讓我們來了解一下造成這種情況的原因吧。首先，對於同一件事，他們兩人各自照自己的方式解讀。如果有第三者在，或許可以做出客觀的判斷。但他們對同一件事各自提出不同的主張，如此一來不僅沒有結論，最終只是傷了感情，對彼此感到失望，「你就只能這麼說嗎？」演變成與原本事件本質無關的爭吵。甚至還會翻舊帳，「你以前就是這樣！」讓情況變本加厲。不過其實第一個理由並不是最重要的，因為那些都是在爭執中情緒激動而說出口的話，無關緊要。因爲在矛盾中，如果感情激化，就有可能說出這樣的話。若有一方能先退讓，並非因事件本身而道歉，而是為了不要破壞兩人的情誼伸出和解的手，或許就能平息紛爭了。

第二，通常當事人都並非只是就事論事，會圍繞著引發爭執的問題堅持「我才是對的！」不肯讓步。因為這次一旦屈服，日後遇到類似的事又會屈服，比起維繫關係，個人自尊更重要，這樣的態度會破壞彼此之間殘留最後的信任。更何況在爭執中，試圖比對方更占優勢的態度，以及如果對方不妥協就把絕交當威脅的習慣，都是破壞關係最惡劣的行為。

當然每個人都有自己的原因。在過去經歷類似狀況中，如果向來都是無理取鬧逼對方妥協，或認為只有劃清界限自己才不會有損失的心態就更會如此。以往發生過類似事件留下的傷害還在，人很自然就會啟動防禦機制，一旦感到不安就會先保護自己。但是不管什麼理由，這種態度對人際關係都是有害的，因為對方會無法理解狀況而感到一頭霧水。

如果不想讓瑣碎的問題演變成嚴重的矛盾，就不要再去追溯記憶，針對目前的關係盡最大努力就好。

也就是說，無論之前受到什麼傷害，都不要與現在相提並論。「原來他因為這個原因而痛苦啊，仔細想想或許我也有錯。」要認同他人的情緒，同時也要表現出「現在這個問題該如何解決？」勇於面對的態度。若能因此撫慰對方受傷的內心，就更好了。「因為我無謂的固執給你帶來傷害啊。」對自己未經考慮就發洩情緒表示歉意，展現和解的姿態，這麼做也是提高自我價值。

「愛人需要勇氣，原諒一個人需要更大的勇氣。」這是藝人藤田小百合在自己的社群網頁上留下的句子。一旦討厭一個人，每時每刻都會對他的行動產生疑問。但是在這之前，我們必須先檢視自己為什麼討厭對方，回顧自己的心。

成為真正的大人

／去者不留，來者不擋

對離開的人還抱持著留戀，對來到身邊的人心懷警惕，這樣只會讓自己很累。周圍的人似乎都得到我的能量而大展拳腳，但是我這個存在卻好像消失了。或是我的所有能量都沉到地上，我連自己的心都無法撫慰，真是令人感到悲傷。這種時候應該以自我為中心，向離開的人簡潔的道別，給向我而來的人一個清爽的印象。決心建立平淡的關係就好。

產生正確看待與他人距離的視角

好好建立關係很重要，妥善的了斷關係也很重要。周圍只有虛偽的人時；大家一起做的事出了錯卻獨自承擔時；表面上為彼此著想，實際上卻互相牽制時，在這些時候我們都會對人際關係產生懷疑，無論是選擇完全斷絕關係或保持距離，都是自己的處世之道。沒有必要成為包容一切的爛好人，應該要培養正確的視角，看待對方和自己之間的距離。

沒有永遠的盟友，也沒有永遠的敵人

出了社會常會發生些奇妙的事。像是在利益面前，即使是對立的人也會一起合作；有時為了公私分明必須戴上假面笑臉，對別人噓寒問暖以維持共生關係。平常可以文文靜靜的，但有時也需要站出來說話；表面上附和大家，私底下還是需要留一手。社會上原本就沒有永遠的盟友，也沒有永遠的敵人，因此不需要感到愧疚。與其說大人的世界冷酷，不如說是體悟到了一切都是虛有其表、徒有虛名。這才是真正的大人。

平靜的接受關係結束的事實

在生活中曾經真心的關係變得比冬天還冷淡的事比比皆是。或許美好回憶就珍藏在心中，重新計畫新的人生。即使和對方斷絕了關係，日子還是要過。真正成為大人，意味著必須承認對人際關係的失望，就像季節一樣必然會降臨。四季固定的循環或許感到乏味，但這才是順理成章的。重要的是在順理成章的更迭中默默堅守自己的位置，並更珍惜其他關係。把好的緣分留在身邊，就可以展開另一段關係。

遵守正道，就能離幸福近一點

堅持守護正道的人生是什麼？社會不容許的事情就不做，這一點毋庸置疑。如果以更靈活的角度來看，或許可以說更接近幸福的生活。對於在關係中感到異樣的行為，知道先經過思考，例如：不急於敞開心扉，知道自己無法面面俱到。配合自我心靈的範圍和速度生活。我們作為自己心靈的主導者，應該了解要理直氣狀的守護自己的位置。這樣的生活即使有點孤獨，卻也會讓我們心裡充滿安定和平靜。

生活不能只是無條件的善良、重情、真誠

對所有人都很善良，就很容易變成好欺負的人。軟柿子並不等於好人。無條件的犧牲，並不會得到親切、溫暖的認可，

反而會讓別人看輕。不要把好欺負的軟柿子和溫暖的好人混淆了，「善良」應該是對具備相似人格的人，對共鳴能力出眾的人才表現「重情」，對同樣懂得表達善意的人才應該「親切」。努力根據對方的態度選擇性以「善良、重情、真誠」來對待，沒有必要花費心力與不尊重我的人來往。

社會烙印的可怕之處

男人之間聚在一起就像做戶口調查一樣，有一個問題一定會問，那就是「你當兵時在哪個部隊？」如果說沒有服過兵役，肯定會投來許多羨慕的眼光。但是有些事只在軍隊才能學到，因此在某些領域會被冠上「工作能力不足」的框架。如果不承認自己是那樣的人，可以用實力證明，但是沒服過兵役的人，如果出現失誤，別人不會覺得是你能力不足，反而會認為是因為你沒當過兵，所以才會缺乏某些能力。當然在軍隊中可以學到各種技術和智慧，只是那些技術和智慧，不可能適用於所有工作。

教育學家羅森塔爾（Robert Rosenthal）曾提出「格蘭效應」（Golem effect），若不被期待、不被讚美，常處於被批評的狀態，會令人心灰意冷而無法發揮應有的能力；相反的是「觀察者期待效應」又稱「畢馬龍效應」（Pygmalion effect），意指人們將期待、預測和信任加諸在對方身上，會促使對方實現目標。如果上司對下屬持否定態度，下屬也會意識到，而對自身產生否定結果。這也適用於沒有服過兵役的我，在聽到「沒當過兵所以做事才這樣啊。」這種話時，連反駁的意志都喪失，深受打擊。就算是平時處理起來沒問題的工作也會失誤很多次，還自嘲說：「是啊，我就是沒辦法。」如在希伯來語中的「Golem」一詞，意指「愚蠢的人」、「毫無用處的人」。

當然我也努力過，比別人更勤奮的工作，想要展現真誠實在的面貌，面對別人的成見假裝不在意，以微笑的方式克服，但還是有一陣子因為不時出現的自卑感而變得憂鬱。理論上要克服格蘭效應是很困難的事，因為在強化過的成見面前，任何努力都只不過是一時的權宜之計。

那麼難道完全沒有改善的餘地嗎？雖然很難克服，但還是有一些可以緩解壓力的方法，接下來就簡單介紹一下。

一是重新設定生活目標。即使不是很遠大的目標也沒關係，重點是聚焦在「生存」上，無論生活多麼辛苦，只要集中在付出勞動後得到的代價。放下貪慾，以輕鬆的心態「從負數狀態回到零分」。正如饒舌歌手Swings（本名文智勳）所說：「知道尤塞恩·博爾特（Usain Bolt）為什麼是世界上跑得最快的人嗎？因為他已經走到盡頭了。」一邊自我慰藉，一邊集中心力建立安全感。

第二，結束工作後享受消除負面想法的休閒活動。最好能有多種不同的活動，藉以恢復自信。如果不能改變人際關係或組織，那就只能改變我自己。尤其是與生計相關的事，無法放棄就只能接受。所以希望你能在其他活動中找到樂趣，不管是與好朋友一起去咖啡廳、旅遊，或者去上一堂自己很有興趣的課，完成自己想做的事也很不錯。

無論什麼工作，壓力大部分都來自於人。但是在生活中我們不可能不與其他人接觸，既然無可避免的要承受情感上的壓力，那麼希望能夠越少越好。就算壓力來了，也希望是可以承受的程度。同時再建立各種足以支撐生活的要素，希望每個人都能過均衡的生活。

要一起走，均衡很重要

隨著年齡增長，人際關係似乎變得越來越難。關係的範圍越來越窄，新認識的人很難探知對方的真心，所以都要小心應對。在學生時期，與同學們一起聽課、一起吃飯、一起準備求職，因為有許多共同目的而建立友情。或許是這個原因吧，即使畢業後各奔東西，但還是常以各種藉口重聚。

然而進入職場一、兩年後，漸漸的別說見面了，連通個電話都很難。「什麼時候大家約出來聚一聚。」這種話逐漸變成基於禮貌的客套話。情況造就人，加上環境變化，不同的職業、不同的處境，就算真的很想再見面，沒有努力就永遠都約不起來。再加上想念的心情摻雜了個人利益時，關係也會變得很尷尬。

上班族和待業者，已婚、未婚等情況或者環境不同，會讓彼此很難產生共鳴，關係也就漸行漸遠。即使是老朋友見了面，聊的都是「想當年……」這種以往事當下酒菜的對話，關係也不會更深厚。隨著接點消失，話題永遠只停留在同窗時節。最後不是因為發生什麼特別的矛盾而使關係起了變化，而是每個人的現況拉開了彼此的距離。此外，隨著在社會上認識的人不斷增加，也會感到疲乏。雖說人脈管理是必須的，但當你連自己都很難照顧到時，根本就沒有餘力關心其他人。那麼有沒有可能照自己的想法，來塑造隨時會產生變化的人際關係呢？

關係的變通性

當朋友開始談戀愛或結了婚，周圍的人很容易就感到失落，不禁發牢騷：「我對你那麼好，現在你有了另一半就沒空理我了。」當有了更親近、更需要付出愛的對象，再怎麼好的朋友也會被排在順序之外，這是理所當然的事，若還執著，就是以過去共度的時間來強求滿足自我的情感。

這時應該了解「關係隨時隨地都會疏遠」，不應該對對方有過度的期待，這點很重要。要拋開認識了十年，就該得到十年程度的愛這種期待。人的心並不是付出多少就能回收多少，當然會感到失落，我也一樣，所以在適當的期待和信任中相處吧。不要迷戀關係本身，根據現在的距離傾注真心。再怎麼重視朋友的人，在他心中優先順位仍是他所愛的人。所以沒有必要感到失望、難過的說：「為什麼把我拋在腦後呢？」

／寬廣輕鬆的相處

與老朋友少了共鳴，越來越難分享真心時；在社會生活中想管理好人脈卻沒有空閒時，有一個方法可以解決，就是結交一位交友廣闊的朋友，以他為中心，擴大認識其他人。應該說是一個交集較少的組合，也就是由出於同樣目的（消除沒有朋友的社會人士的無聊和孤獨）的人之間建立關係。這種關係的優點是不需要花費心力與他人變親近，用幽默或玩笑代替心底的故事，既可以感受與人交流的過程，對自己也不會有太大負擔。若要再說一個優點，就是以上述關係的特性來看，當發生問題時隨時都可以退出，這點非常方便。因爲不是以堅定的團體意識凝聚在一起的關係，所以與這個人發生矛盾也不用太在意，轉向與其他人好好相處就行了。

不要把人際關係想得太複雜，只要記住「現在是對的，那時候錯了」這句話。隨著時間流逝和年齡的增長，以適用於目前現況的方式即可。所以讓我們專注於維持自我的身心健康，尋找維持關係的方法。靈活且稍微計算性的方法，將引導今天的你成為有智慧的人，邁向均衡的生活。

守護我與人際關係的對話技巧

尖銳的話就像是「雙刃劍」，如果隨意玩弄刀劍，會給對方造成無法癒合的傷口，連失手犯下錯誤的自己也難逃責任。例如：「你懂什麼？」這種話會讓聽的人受到打擊，說話的人也會被指責。話語的影響力如此之大，人們常常得努力收拾殘局。但是話一旦說出口就無法收回，也不能改變，因為已經在對方心裡烙下印記。話的所有權改變了，變成由聽者照自己的想法解讀。

像前面提到的「你懂什麼？」這句話，即使不是出於惡意而說，但聽在對方耳裡可能會引起這樣的反應，「你還是管好你自己吧！」或者更氣憤的會說：「你自己也沒好到哪裡去，少在那裡說教了。」說話的人被否定了，心理當然不是滋味，接下來肯定會引發爭吵。這種戰爭沒有贏家也沒有輸家，只有傷痕累累的兩人，彼此破壞對方的自尊，斷絕關係。

那麼該怎麼說話才好呢？要怎麼說才能把自己的意圖正確的傳達給對方呢？對話時的氣氛固然重要，更重要的是每一個詞都要慎重。因為一次口誤可能造成一次矛盾，破壞原本良好的關係。無論關係多麼穩固，仍要時時注意不要「越線」。那麼應該小心哪些話、注意什麼呢？接下來就讓我們來了解能夠守護人際關係與保護自己的對話技巧。

不要用自己的經驗隨意評價別人的處境

有一種人說話習慣用評價的口氣，如果有人向他傾訴煩惱，他會說：「想當年對我來說，你這點苦根本就不算什麼，只有經歷過才能提高實力啊。」但這對解決苦惱根本就毫無幫助。雖然像文人明士提出了建議，但對聽者來說只是不中聽的話，反而可能加重他的壓力，懷著更鬱悶的心情結束對話。

若是能代替沒有實際意義的建議，以感同身受的方式說：「原來如此，發生了那麼辛苦的事啊！」或許對方會感動的說謝謝，並自然而然形成期待，進一步詢問：「那該怎麼辦呢？」人們會吐露苦惱，代表希望得到認同或有人站在自己這一邊的無言信號。因此必須迅速掌握脈絡，給予適當的呼應，「你先聽我說。」只要能理解這樣的心情，就絕不會吵架。

接下來針對如何不傷害對方並提出建議的話術，提供以下幾個例句，若能根據狀況靈活運用，就再好不過了。

1. 原來發生了這種事啊！
2. 你一定很辛苦，現在還好嗎？

3. 如果早知道我一定幫你，那現在怎麼樣了？
4. 我相信你應該可以好好處理。
5. （在分享的過程中對方徵求意見時）問我的想法的話，我覺得可以這樣做，你聽聽看怎麼樣。

謹言慎行

「都是因為你那樣做才會出問題的。」「我就知道會這樣，不是交代過千萬要小心嗎？」很多人都會以提出忠告為藉口，對親近的人或覺得經驗不足的人，用指責的口氣說話。就像父母訓斥孩子一樣，雖然可能是出於好意，但卻會造成對方無地自容，就算是忠言也逆耳。

他們都忽略了重要的事，就是未了解前後情況，就急著下結論。當說話的人用尖銳的話語評價時，也同時在對方的痛處留下深刻的傷痕。這樣的結果對方不但不會改變，反而會陷入不愉快的心情之中。其實只要在說話前暫停一下想一想，就能改掉這種情緒化的說話方式。最重要的是不該輕視對方，避免直擊對方的痛處，也就是站在對方的立場上先傾聽他的苦惱。如果自己也沒有把握提出實質建議，就乾脆閉上嘴。必須將這樣尖銳、得理不饒人的語氣從腦海中抹去，才是根本解決之道。

／聽到好消息不要先潑冷水

「這有什麼好高興的？」「怎麼了？太陽要從西邊出來了啊！」不要用輕蔑或忽視對方心情的語氣說話，對方認為是好消息就該認同。無論是多麼親密的關係，都沒有資格隨便批評別人的幸福。即使是可以開玩笑的關係，也不能無視對方，還是必須遵守基本禮儀。

如果是莫逆之交，就應該更加珍惜，就算再怎麼親密也不能越界。因為不要被情緒左右，自己要不時檢查自己的言行是否妥當。好比不要說：「你居然那樣做！」而是說：「辛苦你了，不過想起以前，現在的你真的成長了很多。」就算用開玩笑的語氣，也要向對方傳達良好的意圖。越是親密的關係，越要適當的拿捏玩笑話和真心話，恰如其分的掌握諷刺和批評的界限。

在職場生活中毋需在意的話

在日常生活中，我們停留在職場的時間占了很大的比重，因此不能把職場生活單純視為工作的時間。我們在職場中也建立了各種人際關係，這些關係讓我們有快樂也有壓力。這種關係的主體可能是上司，也可能是後輩、同事。我們不能被那些人動搖，也不該被他們不經意說出的話傷害，下面就讓我們看看在職場中經常聽到但不值得在意的話。

/因為你公司才得以運轉，一起走到最後吧

不要被這種話矇蔽。任何組織都一樣，不可能少了某一個

人就無法運轉。若是對新進職員也這麼講，那麼這間公司就算明天倒閉也不奇怪，因為組織體制很明顯不夠健全。如果是對在公司已有一段時間資歷的人這麼說，那可能只是社長或上司不經意的「口頭禪」。上面說的話有可能是事實嗎？也許吧，在給予實質性補償的條件下確實如此。在減少工作量、加薪或發獎金的同時，還要補充一些好話。如果不這樣做，以合約為基礎的公事上的關係必然會產生動搖。

我們是唯一掌握自己人生決定權的人，因此必須做出對自己更有利的選擇。不管是想多累積經驗，或是追求更高的薪水，都應該堂堂正正堅持自己的選擇。

別的工作可能做不來，你還是好好做現在的工作吧

這類的話時常聽到，不只隨意貶低他人的自尊，還頤指氣

使的。舉個例子，「都幾歲的人到底在做什麼？現在才來這裡？什麼？當了三年的公務員！你的人生也真淒慘啊，反正要做其他工作也太遲了，還是好好在這裡撐下去吧。」透過這樣的對話，先製造名分像奴隸一樣使喚對方。接著說：「不過你看我們公司就知道，薪水給得不多啊。」試圖將低薪一事正當化，意思就是說，不管怎麼樣是公司收留了你這個無處可去的人，你應該要感謝才對。

事實如此，本人也難以辯解。但是人生應該放寬眼界，不要只看一棵樹，而是要綜觀整片森林。只不過在二十初頭浪費了幾年時間，但並不代表就此脫離了競爭軌道，仍有時間咬緊牙關，重新設計自己的人生作品集。以上的話雖然沒有說錯，但可能是出於不好的意圖而說的，所以絕對不要放在心上。

辛苦的不只有你，再忍一忍吧

任何人在面試時都會盡量包裝自己，但是老實說，我們都是為了生計出賣勞力，在心不甘情不願卻必須做的工作面前，有誰會開心呢？為了過日子只得忍耐堅持。這個事實雖不是不能理解，但在心情上難免會感到難受。

同時隨意為他人辛苦下定義也是不可取的，因為在什麼樣的環境中有多辛苦並不重要。日本作家曾野綾子的隨筆集《人的本分》（直譯）中寫道，「無論世界如何看待我，老實說我一點都不關心。反正任何人都無法正確評價他人。」對人們來說，別人的辛苦其實一點都不重要。所以像「辛苦的不只有你，你還可以再堅持下去。」這種話一點用都沒有，反而會刺激反抗心理。

再怎麼沒耐心的人，為了生活也會不時下決心努力。重要的是我們不該隨便評論他人的人生，因為每個人的生活方式不同。要求別人認同我的想法是一種暴力和霸道，就將從心底湧出的話重新吞下去吧。

忍到最後的人就是贏家

最能忍的人就是最後贏家，從字面上來看並沒有錯。不管是攸關生計的事，或為了達成某項目標、為實現夢想等，更是如此。最後的贏家不是最有推進力、有能力的人，而是堅持到最後的人。但是若涉及不義或被迫承擔過多業務時就不宜忍耐。因為在這種情況下最能忍的人不是贏家，而是在組織裡看起來最容易對付的人，因此在任何情況下都要克制自己，不要輕易把「對不起」放在嘴邊。

如果對方欠我錢或許覺得沒關係，但是沒有寫下的約定和恩惠只會被遺忘在角落。不記得具體欠了什麼債，只記得是個親切的人。這會與人類的利己之心結合，變質成為「有求必應」的人。

向那些讓我得以存在的存在們致上敬意

小時候父母是很了不起的存在。與年幼的我相比，他們的個子比我高出了近兩倍，力氣也比我大。不僅如此，還能熟練的完成專業領域的工作，而且似乎對世上的一切都很了解。如果問：「天上的星星為什麼會閃閃發光？」就會得到「星星在閃爍的過程中會製造能量，明天會帶給我們所有人力量。」這樣的回答。

但是進入青春期後，卻對自己的父母感到羞愧。與其他同學相比，他們的家庭環境比我好，家庭氣氛比我們家和睦，雖然我們家並沒有明顯的不足，但卻覺得我的家和父母無比寒酸。當時誇下豪語說：「我長大之後一定要過得更好。」但進入社會後才知道我有多愚蠢。好不容易找到工作，上班族的工作比想像中還辛苦。微薄的薪水在扣除房租和生活費後所剩無幾。想想父母在我這個年記時早已建立了家庭，他們是如何度過那段歲月的呢？

回想起來，小時候父母從來沒讓我餓肚子，只是因為看到其他生活較優渥的朋友而引發被剝奪感。從小我有什麼想法，父母幾乎都會大力支持，直到真正懂事之後才發現父母給了我許多東西。為了讓我們能平平安安長大成人，那些用心澆水、施肥、打造堅實根基的存在們，現在我們能為他們做些什麼？

／經常見面，經常對話

愛的多寡與聯繫的頻率成正比。有的父母與子女即使住在一起也說不到幾句話；有的即使遠在地球的另一邊，也會每天進行視訊通話，比任何人都了解彼此的父母和子女。父母們總是等待著孩子的聯繫和拜訪，這時才領悟到我是多麼懷念過去充滿歡笑的飯桌。

所以再多與父母聊聊天，經常回家看看吧。如果情況不允許，也要常常打電話。父母想要的不是子女賺了多少錢，有多大的成就，他們只希望子女能在身邊，經常見面。

好好過自己的人生

父母總是為子女操心，有沒有餓肚子？有沒有找到好工作？是不是生病了？因此好好過自己的生活、好好照顧自己就是大大減輕父母的擔憂，過得幸福就是最好的孝道。長大成年後離開父母在外生活，可以透過電話問候，讓父母知道自己很健康。有了喜歡的人、好消息，傳達給父母就可以了。如果尚有餘裕，可以不時送個禮物或安排旅行也不錯。不過比起花大錢送父母去遙遠的國家旅行，父母會更希望能與子女一起吃頓熱呼呼的飯。

／現在就開始盡孝

時間是無情的。父母與子女的時間並不會一直交集。父母不會永遠在那裡等著我們，意料之外的離別會帶給人強烈的壓迫，造成無力感。或許有時會想「最近太忙了，還是等有空再說吧。」但人生是很難預料的，所以不要等，現在就開始行動。趁父母在的時候好好盡孝，那些享受幸福的時刻永遠不嫌多，這一次若錯過了不一定會有下次。有時間的話將家人共處的時光拍成影片也不錯，多陪陪父母，多與父母聯絡，其實這樣就足夠了。

在好事面前關係也會崩潰

好不容易進入了大企業，人際關係發生了很多變化。也許是因為我也變了，正因如此，大部分人際關係的形態都和以前不一樣。即使我變了，跟某些人的關係卻更穩固；相反的，也有一些原本堅信不會動搖的關係，卻像用沙堆的城堡一樣無力崩解。有一份穩定的工作是好事，但在步入職場後出現的各種變化並非全都是好的。世間萬事皆如此，已經發生的事無法標記好或壞的價值。如何判斷全是自由心證，但為了不要讓自己被動搖，我整理出一些對應的方法。

沒有理所當然的事

順利找到工作後很多人前來祝賀，興奮的心情久久不能平靜。或許是心情變得輕鬆了，不管聽到什麼話都不會生氣。朋友們不意外都起鬨喊著「請客」，聽了也覺得心情很好。但是隨著時間過去，開始出現毫無理由覺得一切是「理所當然」、「方便」的人。我請吃飯，別說道謝了，還酸言酸語的說：「你賺的錢比較多啊。」那也是我出賣勞力賺的錢，有什麼資格說這種話？所以我們要盡量避免以他人的好事為藉口，以友誼情緒勒索。

不要忍受無禮

同學打電話來，他不知從哪裡聽到我找到工作，一開口就是沒有誠意的問候和借錢。還有不怎麼熟的朋友深夜打電話來，劈頭就問：「你是怎麼找到工作的？」對於這種人拒絕了幾次，結果就收到「你變了好多」的埋怨。不是我變了，應該是你無禮吧。**不管是哪一方關係一旦變質，就可以過濾掉了。**

／承認環境的變化

進入社會後，每個人所處的環境不同，收入也不同。有的人一畢業就找工作賺錢，有人則是繼續進修念研究所，仍致力鑽研學問。到了二十五歲之後，彼此的處境會有明顯不同。身處環境不同，即使原本就熟識也很難像以前一樣輕鬆交流。這種時候不要再勉強經常聯絡，這樣只會帶來壓力，最好保持距離。如果是真正珍貴的朋友，自然會長長久久。大家只是各自集中於自己的生活，情誼並未疏遠。承認彼此的變化和環境的差異，是能夠長久維持關係的祕訣。

仍然以我為中心

從學生到上班族，很多事情都會改變，最大的變化就是人際關係的重組。有必須結束的關係，也有新出現的關係。即使受人際關係影響不大的人，若在短時間內發生很多變化，心理上也會變得比較複雜。這時只要保持堅定的心態，該離開的人就好好送走，珍惜留下的人和新的關係就好。無論何時都要記住的是，**不管是什麼樣的關係，只要覺得不適合，隨時都可以結束**。每時每刻活在當下，竭盡全力就可以了。

留下不可動搖的關係

就業一段時間後，很多人被過濾掉，只剩下幾個還留在身邊的朋友。仍然可以一起瘋、一起玩的人，即使我多付出一點也不會後悔的人，得到多少就會回報多少的人，這些一直以來持續維繫的緣分。看著他們，我明白了真正的友情是不會被金錢或其他外在因素動搖，會一起堅持的事實。謝謝這些珍貴的朋友們，總是讓我重新思考所謂「朋友」的意義。

好好過生活才是真正的復仇

據聞中國思想家老子說過這樣的話，無論誰侮辱你，都不要試圖報復。不要為了報復你不喜歡的人而戰戰兢兢，坐在江邊看花瓣飄落，迎著陽光快樂似神仙，自然會知道仇人沒落的消息。

沒有錯，在這段話裡富含處世道理。不該因對方造成的傷害而荒廢我的人生，報復傷害我的人最好的方法，不是浪費時間和精力，而是要充實我的人生。以下再補充說明上述句子的含義。

仇恨生孤獨

報復心是一種討厭某人的情緒，討厭的力量要夠強大，才能給對方造成傷害。如果用「以牙還牙，以眼還眼」的方法報復，自己免不了要負起責任，而且又會招致另一種討厭。當然不感情用事，裝作若無其事的樣子也可以，要誠實的審視自己的內心，學會用其他方式控制自己。解開心中疙瘩的方法除了復仇之外還有很多，不要為了一時的痛快走上自取滅亡的道路，那樣只是不入流的報復手法。

若採取自取滅亡的報復手段，在結束後心裡會變得很空虛。即使怨恨的對象消失了，但炸彈的火苗還在，人會像丟了魂似的，目光沒有焦點卻又冰冷。無論以何種方式，只會對周圍的人產生負面影響，讓自己變得孤獨：或是成為像復仇對象一樣的人，最後毀了自己。如果堅持「以其人之道還治其人之身」，最終將越陷越深。支撐生活的要素不是自己，而是對他人的厭惡，這樣心理會越來越疲憊，就很難集中好好過自己的生活。換句話說，憎恨對方的心就是把自己逼到懸崖邊緣，或是把自己關在洞穴裡。

真正的高手是對自己專注

那麼真正的高手應該如何報復？那就是把自己的生活提升到更高的層次，不拘泥於過去，只為自己設計人生，好好思考「如何才能活得更幸福？」找出不會使我枯竭的原素作為生活的能量源，保持平常心才能釋放出好的情緒。**無論過去如何，都要以現在為起點，培養良好的心朝未來邁進**。在這樣的過程中，過去的問題會逐漸被淡忘，最後人生會指引我最好的解決方案。「不管遇到什麼狀況，我的人生比什麼都重要，我必須照顧我自己。」秉持這樣的心態，就能理解了。

如果確實從「發洩憤怒的復仇之心」置換為「集中過好我的人生」，那麼周圍的人也會發現我的改變。當我站在任何人都認可的位置上，消息自然會傳到「親愛的敵人」耳中，他會越想越生氣，用充血的眼睛窺探我，不斷與他自己粗鄙的人生比較，最後就像飛蛾撲火一樣，消失在絕望的懸崖下。他等於是搬石頭砸自己的腳，親手毀了自己的人生。這時的我隔岸觀火，可以氣定神閒的說：「世事難料，塞翁失馬、焉知非福呢？」

奔向我的未來

有一個不變的真理，讓別人眼裡流著血淚的人，自己的眼裡也必須會流出血淚。或許應該說是以惡劣的人性藐視世界的報應吧，總有一天會受到還擊。這個世界出乎意料的也有公正的一面，只是受害者並未察覺，但加害者將受到最糟糕的懲罰。所以不需弄髒自己的手反擊，只要專注朝向我的人生前進即可。

猶太裔的精神科醫師維克多．弗蘭克（Viktor Emil Frankl）在《活出意義來》（*Man's Search for Meaning*）一書中這樣說道，「刺激和反應之間是有空間的。在那個空間裡我們有選擇反應的自由和力量。我們的反應取決於我們的成長和幸福。」所以連這些文字也不用放在心上，集中心力奔向未來吧。

第二章

以我的速度
朝我的方向前進

什麼都不想做的時候，就靜靜的待著，
一切終歸會好起來的。

召喚成功的方法

/你一定會成功

即使所有人都斬釘截鐵的說「不行」，最終努力和時間還是會證明你一定可以成功，有人會尊敬你，有人以你為榜樣，追隨你的腳步。即使現在遇到困難，也不要懷疑，成功終會實現。經過努力取得有價值的成果，不是很令人期待嗎？

/不要感到不安

不安是事情有進展的證明。因為進行中的事情很多，所以感到責任重大。不安的程度越大，代表成果的價值也越值得期待。所以應該往好的方向想，欲戴皇冠，必承其重。當你戴上閃閃發光的皇冠時，將會受到許多景仰的目光，所以付出多少就能得到多少，努力的結果一定會比現在更幸福。

／不要設限

或許不是事事順利，但只要努力、有毅力堅持，時間一定證明一切。把現在阻礙成功的最大絆腳石，轉化為實現成果的基石。雖說不是一切都能順心如意，但要懷抱「沒有什麼不可能」的信念。即使需要多花點間，也要用不屈不撓的鬥志，讓自己每時每刻都在成長。

任何人都會失誤

失誤也沒關係，只要迅速承認，並採取補救措施，避免重複同樣的錯誤。從失誤中也有值得學習的地方，所以沒必要因此而畏縮，未來該怎麼進行才是最重要的。對凡事盡力、真誠的你來說，必然不會再做同樣的傻事。同時若把失誤當作反面教材，可以增強實力，成為更堅強、更優秀的人。這也就是你未來的面貌。

相信自己的偉大

當別人無緣無故地指責我時；故意找碴詆毀我時；毫無根據的製造不好的傳聞時，難免會覺得我努力生活，為什麼會莫名其妙經歷這些麻煩呢？這時不如這樣想，「看來我過得還不錯，所以人生中安排了一些插曲。」不要沉溺在挫折和徬徨中，應該為自己感到驕傲。調整一下呼吸，整理好思緒，好好規劃未來。我是比任何人都偉大的存在，相信自己的偉大。

不要懷疑

偶爾不要忘了回顧初心，一直埋頭努力的你，或許最後不僅是成功，而是大成功。你可以成為更偉大的人，你的信念沒有錯，努力絕不會背叛你。要相信自己，越是懷疑就越容易失敗，要支持你人生的一切。

培養改變人生的習慣

有一陣子感覺好像會一直當個無業遊民，懶惰、無所事事，有時興致一來肆意揮霍，正是我當時的生活。睡到很晚才起床，然後抓抓頭說：「一天又過去了。」過了中午才吃飯，然後泡在咖啡廳打發時間，或是朋友一起喝酒是每天的日常。就這樣日復一日，雖然知道這樣的生活不好，但並沒有確切的危機感。等到太陽慢慢下山，周圍瞬間變得一片黑暗，我才意識到為時已晚。

明明就知道不對，為什麼還要浪費時間呢？當時努力進行的專案一下子就垮了，瞬間沒有動力，什麼都不想動，其他該做的事一拖再拖，不管結果如何，把休息當作給自己的補償。

到此為止都還好，但是瞬間就步上了「無力——挫折——合理化」的過程。第一週覺得「過去這段時間辛苦了，應該要放鬆一下」，但是面對過度的自由，卻反而不知道該做什麼。打開通往世界的大門的勇氣盡失，只是習慣性的自我貶低和怨天尤人。

適當休息固然重要，但不要忘記生活就像馬拉松一樣，為了長期的未來，要懂得調整速度，但不能停下腳步就地休息，一旦舒服的坐下放鬆的瞬間，就很難重新站起來。保持平常的速度，不能太安逸。清空頭腦固然重要，但不能完全放棄該做的事情。**雖說沒有充分休息會造成問題，但我認為沒有比因無力而休息更危險的事了**。當你對熱情感到疲憊時就要提高警覺，不要陷入什麼都不想做的倦怠狀態中。不管在什麼情況下，都要找到重新出發的方法。如果像當時的我，連重新出發的基礎都已破壞的話，就要從更基本開始，透過自我約束和控制來矯正行動和習慣。暫且不論接下來的人生該如何展開，先了解幾個提升基本的方法。

確認自己是否處於無力狀態

懶惰、貪吃、貪睡、性慾，這些是不斷給無力感提供養分的要素。即使在深夜，只要肚子餓了就打開手機上的外送APP點購；藉口爬不起來而一直睡到中午；花幾個小時的時間玩遊戲、滑手機等，只滿足基本、本能的慾望而度過一天。「沒有必要再忍受痛苦了」，將自己的行為合理化，放任大腦慢慢中毒。放棄要花費長時間辛苦努力才獲得的喜悅和快樂，說服自己再怎麼努力都是白費力氣，今天幸福就好，安於現狀。

由慾望延續的人生，必須冷靜的掌握自己陷入這種狀態的事實。變化是從客觀的看待自我開始的。走向滅亡的人生需要強效處方，否則會連危機感都沒有就墜落深淵。**越是感官的快樂，越具有忠於本能的性質，很容易滿足卻很難擺脫**，例如：日夜顛倒的作息或狂點外送的習慣都是。

／帶著危機意識行動

哪怕是刻意的也要有危機意識。「年輕人為什麼那樣生活？好手好腳、心理正常，就應該做點正經事啊，只因為落後一點就放棄的話，只會更加落後不是嗎？」要不斷與自己對話，灌輸自己必須改變的想法，並且行動。重置生活節奏，把從慾望延續的「惡」果斷的切斷，否則那些以快樂編織的路徑會牢固得無法動搖，所以要完全停止至今為止的習慣。然後擴大一天的空白，也就是創造空間做別的事。

例如：想想睡眠習慣，如果平常日夜顛倒，就試試極端的辦法，一整天不睡，直到晚上再睡。還有杜絕滑手機到凌晨、沒事東摸西摸，或吃宵夜等妨礙夜間睡眠的行為，努力調整成正常的睡眠模式。

／運動

有人會說：「我不知道應該從哪裡開始？」對那種人我推薦運動。如果完全沒有付出代價得到回報的經驗，那麼運動最適合了，只要少少的付出就可以充分感受到回報。同時運動也像是世間縮影，身體恢復健康、鍛練肌肉，心情也趨於穩定，在這樣的過程中學習毅力與恆心，而且身體從不說謊，影響運動成果的變數相對較少，從身體的變化就能獲得直接的結果，因此運動可以建立自信。親眼記錄自己慢慢變化的過程，把以下智慧記在腦海裡，作為人生的教誨。第一，為了養成習慣，必須不斷鞭策自己。第二，沒有痛苦的行動是無意義的。第三，沒有犧牲就無法實現目標。第四，我的生活只有我能改變。

找尋想做的事

利用上述方法，以重新定義的心態為基礎，尋找真正想做的事，那才是直接關係到經濟方面和自我實現的事。如果能成功填補一天的空白，那麼今後填補人生空白也不會失敗。雖然有很多路要走，但要找尋什麼，如何走下去，都是自己的選擇。**如果你能成功從無力狀態中解脫，那麼就是具備了做任何事都不會放棄的心態**。不要拘泥於過去的自己，把曾夢想過的自己的樣貌一一實現。

是時候該對自己負責了

／生病了也得去賺錢

如果不是嚴重受傷或病倒起不來的程度，大多數人生病還是會去工作。其實這種情況仍去上班，大部分都是因為人際關係方面的原因。因為不能給一起工作的同事帶來麻煩，因為要看上司的臉色，所以大家都忍著不請假。另外，對工作的責任感也讓我們身體不舒服也無法安心休息。因為即使把工作延後，明天仍然必須繼續，不如先苦後樂才是明智之舉。

一家之主的自覺

過去，一家之主被限定為成年男性的情況較多，但現代社會除了雙薪家庭之外，獨居者也越來越多。從生養我的父母身邊獨立，負責自己的人生，從瑣碎的衣食住行到其他大小問題都得自己解決，在心理上得自己消化自己的情緒，這也許就是「一家之主」所包含的意義。由此看來，只有成為可靠、充滿責任感的一家之主，才能稱得上是真正的大人。

忍受單調的日常

長大成人之後很難區分在工作崗位上的我和真正的自己。在公司對負責的工作會有過度的責任意識，上班時間對工作傾注熱情，但下班後就會筋疲力盡。在過重的業務上掙扎消耗能量，只想休息不想玩樂。把責任感當作一種美德，同時也當作義務。前途渺茫，熱情漸漸消退。感覺自己不像活著，不快樂、對明天沒有期待，因為只會像工蟻一樣過著反覆的人生，隨著年齡增長，時間似乎流逝得更快，只有上班的時候才覺得時間過得緩慢。然而忍受這些無聊的日常也是身為大人的分內之事。

/ 每天盡力就好

拚盡全力生活，也會有結果不如預期的時候。即使聽到上司說了不好聽的話也要忍著笑笑帶過；即使竭盡全力，工作也不一定順利。**「努力」和「成功」是兩碼子事。但是只要好好過了今天，那就夠了。**再怎麼賣命，公司也不會養我一輩子，所以拿多少錢就做多少事吧。一旦不被需要就把人踢走，這就是公司這種組織的生態。看起來像為公司賣命的主管們，下了班之後也只是同一棟大樓的住戶、鄰居、某人的兄弟姐妹罷了。所以不需要太在意每件事，忠實於自己負責的工作和角色，每天盡力就好。

懷念小時候

以為自己會賺錢就是自由了，原來在父母的羽翼下才是最自由，感嘆時間為什麼過得這麼快。這樣下去，我也會隨著時間慢慢消失嗎？年紀越大想得就越多，以前想做的事、想體驗的事、想去的地方很多，但是步入社會之後卻完全沒了那些欲望。當然要放下一切離開，情況也不允許。由此看來，還是小時候最自由了。

／尊敬父母

經歷過才知道，小時候父母下班買炸雞回家的那天對他們來說其實是很辛苦的一天。但無論多麼疲憊，為了堅守家庭支柱的角色，父母不得不隱藏起辛苦的一面。他們不僅要面對各種挑戰，還要展現幸福的面貌，他們的付出是多麼偉大。我一個人光是應付生活就已經夠掙扎了，連他們的一半都不及，只能探尋著他們永不停歇的腳步，一邊嘆息：「我無法做到那樣啊。」

如何面對人生沉重的空虛

什麼都不想做的時候，就靜靜的待著，一切終歸會好起來的。不要把自己放在評價的天平上，去想像未來會怎麼樣，因為那樣說不定會破壞現在的好心情。真的沒關係嗎？這樣過也可以嗎？不要去想這些問題。一塌糊塗的過去已經是過去了，再多的指責只是貶低自己，現在的我才是最珍貴的。

偶爾暫時脫離守護自己的責任吧。如果接受目前的情況，在心底深處就能感受到自由。而且可以用輕鬆的身心尋找出口，是所處現實中唯一的選擇和解決方法。

同時可以趁機思考如何提升自身存在價值。先不論「提升」，把焦點放在自己存在的價值上，想想為什麼而存在？就算抓破頭也沒有答案，因為一開始就錯誤的提問結構無法得出正確解答。「我是為了什麼而存在？」「我是值得存在的人嗎？」如果沒有得到滿意的答案，只有重新質疑或從不同觀點切入才能找到答案。例如：「不是為了什麼而存在，只是為了存在而存在。」

希望能這樣毫無根據的提升存在的意義，那麼心情就會變得輕鬆，引領情緒、自信、活力。無論如何都會得到想要的結果。

希望大家都能珍惜自己，不需要任何理由，我們的存在本身就是珍貴的，不管對什麼事感到挫折，即使嘗遍人生苦果，我的珍貴也不會改變。就算崩潰了，隨時都可以重新開始。從活力中延續活力的人生。思維的重新設定有時會改變人生的思維地圖。

當然我們會從某些事物上意識應該為何而活，進一步思考自己想要什麼。這時就以堅實的自我為基礎，「如果當初我是為了什麼而存在，當那個東西消失時，『我』也應該永遠消失，但事實並非如此。」我們必須建立建全的價值觀。經過各種經驗，不斷分享、判斷什麼錯了，但你的人生並沒有錯。沒有人可以隨便評論我們的人生。

在悲慘的環境中，每天每天都變得幸福的方法

薪水入帳了。一想到在為數不多的薪水中還要支付房租、手機費、保險費等，心裡頓時感到空虛。如果再扣掉儲蓄和投資的部分，就真的一分錢都不剩了。「這樣還算幸福嗎？」朋友中有人工作還沒著落名下就已經有了房子，為什麼我要這樣掙扎著生活？不禁感到筋疲力盡。在資本主義世界裡，我們應該堅持什麼樣的價值和標準才能實現完整的幸福呢？

我真正想要的是經濟自由，因為我想把未來變成燦爛的現在，為了堅守這樣的基準，需要「這是我選擇的道路嗎？必須頑強的堅持」這樣的態度。如果祖上沒有留下什麼，唯一擁有的只是一付軀體，就只能憑著努力和忍耐打下基礎。

即使付出血汗後得到的代價差強人意也不能抱怨，所謂「該死的人生」也是要由自己承擔。時間不曾停下腳步，而我們只是在流逝的時間裡承載個人的希望。時間不負任何責任，也沒有強迫我們要過什麼樣的生活。懷疑「這樣算幸福嗎？」的理由並非因為沒有生活基準和希望，而是為了維持正直的狀態力不從心。就像薪水一入帳就瞬間消失一樣，在豐收之前的每個瞬間都是難關，因為未來充滿不確定性，眼前只感受到痛苦難熬。

那麼該怎麼辦呢？希望你不要執著於一種選擇，而是透過調整有效率的度過這種過程。思考一下在不影響最終目標——經濟自由的情況下，如何調整可以感受幸福。不需要支出太多，就能馬上獲得的小確幸。

當我為此苦惱時，朋友給了我一個明確的答案。我問他：「你的人生有什麼樂趣？」他說：「別再想這個問題，就享受吧。吃好吃的東西，去風景漂亮的地方，和喜歡的人一起生活，這樣就好。」朋友的回答給了我很大的啟發，「是啊，不一定要花大錢才幸福，生活中有很多隨手可得的享受，例如：下班後和家人一起吃飯聊天、帶小狗去散步、因為天氣好打電話跟朋友聊聊等，都是幸福。」

幸福的感覺緊跟在你的行動之後。會覺得空虛，也是因為沒能享受、壓抑欲望而導致。在期待值過高無法滿足的情況下，產生不幸福的感受。因此**在不失去追求經濟自由的前提下，同時也接受當前的狀態，調整心態適應當下，就能發現能讓人感到幸福的地方**。

總結來說，有效率的合理化，適當的與幸福妥協。具體說明就是第一，「即使沒錢出國旅行，也可以在住家附近邊聽音樂邊散步。」主動尋找身邊可享受幸福。第二，「夜晚空氣清新，今晚就打開窗戶睡覺，沉醉在自然的香氣中，做個幸福的夢。」享受當下擁有的幸福。第三，接受現實，並懷著「為了以後更大的幸福，現在稍微辛苦一點也沒關係」的想法，泰然處之。

透過良性循環提升幸福感和生活品質。即使現在的環境並不寬裕，但若能調整自己的視角，自我滿足和積極的合理化相協調，或許連實現目標的過程也會感到滿足。在社會這個巨大的基礎建設中，我的存在雖然微不足道，但若能順應結構並具有靈活性，結果可能會有所不同。

職場生活中維持自尊的方法

／拿多少錢做多少事

若要在早上七點三十分抵達公司，至少要在五點三十分起床。如果幸運的可以準時下班，回到家也已經晚上七點了，能享受夜晚時光只有三個小時就必須就寢，因為第二天又得再重覆一樣的日常。整天被工作折磨得筋疲力盡，下班後連自我充實的想法都不敢想。這樣忙碌的生活持續，很容易在某個瞬間體力耗盡而病倒。想想公司給員工薪水的理由是什麼？公司以追求最大利潤為目的，上班族必須接受這個事實，但也不要太拚命獻身工作，白白被當作消耗品。

賺錢的覺悟

要賺錢才能花錢。或許工作內容、環境嚴酷，可能還有人際關係的問題，但有工作至少不用擔心收入，比起待業中的人可以過更穩定的生活。如果現在做的工作符合自己未來目標的方向，就更具意義了。不管是為了累積經歷或存錢，都會成為工作的動力。即使疲憊不堪、即使被上司折磨，也還是能感受到成就感。因為有希望，即使再辛苦也不想放棄，必然會堅持下去。

一天一天堅持下去

無論工作環境多麼艱苦，只要看到一起工作的人頑強的堅持下去，就會產生「我也能做到」的傲氣。在工作時不帶情感，因為根本沒有時間沉浸在感情之中，必須全神貫注才能在規定的期限內完成工作。上下班時帶著空洞的表情想著，「我這樣算不錯了吧。」但是人生怎麼可能只有幸福，上班族的人生以不幸為基礎，只要一天一天的撐下去就行了。

保持規律的日常和自我管理

該睡就睡、該起床就起床，保持生理規律。早上喝一杯咖啡可以提神醒腦，午餐要吃飽，如果沒有需要緊急處理的事，就利用剩下的時間休息，這樣下午工作效率才會高。不能因為是週末假日就玩到身體筋疲力盡。週五晚上和週六可以放鬆，但週日應該好好休息。有效率的時間安排很重要。公司環境再好也不會事事盡如人意，因此若想長期穩定的工作，就要控制感情，像機器一樣該工作時工作、該休息時休息。

／總有一天一定會產生職業倦怠

「我為什麼要這麼拚命？」「還能繼續累積經驗嗎？」職場中面對未來的不確定性和日復一日的生活，一定會感到疲憊。會貶低自我價值，陷入不知原因的倦怠和不安之中。這種時候不但很難集中精力工作，就連上下班都感到無力。這就是職業倦怠。由於長期累積的疲勞，職業倦怠一旦出現就很難克服，很多上班族會在這個時候決定辭職。但如果能夠好好規劃有效率的生活，在經濟上有一定基礎時再離職比較好。換句話說，差不多是擁有當個自由工作者也可以維生的餘裕。人生的第二幕，只希望身體和心靈能夠維持在做想做的事和做能做的事的程度，也有人會在那種心境中，湧現從未有過的力量。

對自己的人生感到驕傲

念書念累了就休息一下，戀愛覺得疲累時分手就行了。如果覺得夢想要實現太難，可以另尋出路，但是不能放下維持生計的工作，無論如何都要想辦法堅持，就算不情願也不拒絕。要當個好人，做到連討厭的人也能微笑以待的程度。在這種脈絡中，所謂維持生計的定律就是「堅持」。強者不一定就是贏家，堅持最久的人才是。拚盡全力只為求得溫飽，這是人類的本能，因此為了生存而追求財富也不必感到奇怪。英雄沒什麼特別，能照顧好自己身體的人就是英雄。即使現在的生活像機器一樣看起來毫無意義，但隨著時間流逝，某天回顧過去時，會發現過往人生的所有過程都是曾熾烈生活的證據。為自己感到驕傲吧。

透過閱讀讓自己成長

總是經常聽到「應該多讀點書」，但仔細想想卻不記得為什麼要讀書。小時候被大人要求用功讀書，就會產生反抗心理，因此更不想讀書。尤其如果是討厭的人長篇大論說明讀書的重要性，自以為給予寶貴建議，一付了不起的樣子，反抗心就更強烈，但到最後損失的往往是自己。長大後才了解，沒有比當學生時更適合讀書的時間了，但那些光陰早已虛度，現在為了遲來的充實自己，只能比別人更努力。要準備就業、要做好自我管理，在一天二十四小時都不夠用的情況下還要抽出時間看書。這就是把別人的建議拋在腦後的代價。

與書本不相往來的人們都有自己的理由，如果僅從當下的情況來看，似乎都是有道理的主張，但是身為自己人生的主導者，做了什麼樣的選擇，就要自己承擔後果。不看書，或許會以為自己經歷過的就是全世界。不管在什麼領域，廣泛閱讀對人生一定都有幫助，接下來就分享閱讀的實用效果，可以依照自己的目標選擇書籍，享受閱讀的樂趣。

可以增強競爭力

當碰到一個全新的領域或沒做過的事，會擔心不知道是好還是壞，閱讀可以幫助我們了解未知。換句話說，就是提供間接經驗。在《卡內基人際關係論》中提到，「別人對你想要什麼不感興趣，世人都只關心自己想要的。因此能夠打動別人的唯一方法就是談論他們想要的東西，並向他們展示如何才能得到。」這段文字讓我們不再持有「因為付出得不到同等回饋而產生失落」以及「自我壓抑忍受對方的自私行為」，讓我們了解人的本性就是那樣。因此當別人還在忍受傷痛不知怎麼辦時，我可以用正確的處世之道及有效率的運用能量集中在自我身上，更能為我自己累積資歷和幸福。

幫助立體思考

立體思考可以說是將書中學習的內容吸收轉化為個人觀點的能力。大量閱讀各種領域的書籍，遇到任何主題就可依照序論、本論、結論的順序，提出自己的見解。

以阿富汗難民問題為例，對於阿富汗人民大舉逃向各國的狀況，有些人想都不想脫口就認定那些人是「不想保家衛國，只想保住自己的性命，所以國家才會越來越亂。」而具有立體思考能力的人不會隨便判斷，「在刀槍面前，懦弱的人會逃跑，也有人會勇敢對抗不義，但這都是個人的選擇。當然每個人都有表達的自由，因此也不能責怪那些有話就說的人，但是濫用這種自由傷害他人還是不對的。」他們慎重聆聽他人的意見，但不會盲目附和。會從多角度觀察事件的各種面向，在表達時謹言慎行。立體思考能力能幫助整合各種想法，這樣就能規劃均衡的人生，得到真正想達到的結果和成就感。

透過健走運動重新調整心態

最近開始健走運動，因為平時的步行數明顯減少。在準備新書的同時，為了專心寫作而閉門不出，缺乏運動的結果，腿部肌肉變少，見到我的人都問說怎麼瘦這麼多。

工作告一段的凌晨時分，我內心有個聲音問自己：「忙著寫新書而沒有時間去健身房，這不是藉口嗎？實際上是因為懶得動吧。」即使不去健身房，還是可以在家裡動一動，達成一些簡單的小目標就可以了，結論就是完全是心態的問題。

別光只是想，先行動吧

先開始動起來吧。不管什麼都好，重要的是不要找藉口，也不要猶豫不決，有時間就出門。例如：可以固定早上七點一到就穿上鞋子，到家附近的小山走走。我每天都固定進行七公里的步行加慢跑。剛開始身體還不習慣，運動效果也不明顯，但是只要堅持下去，漸漸會抓到要領，體力也變好了。只要養成習慣，運動一點也不累。

把心放在當下

人生、工作、愛情都是一樣的，心要在當下才會感受到幸福。只有這樣，才能在實踐過程中追求最高效率。如果心一直留在過去，會加深「為什麼浪費人生」的悔恨和抱怨。如果心先拋向未來，會逃避現實，反而看不到希望。不管想吃粥還是吃飯，都要經過動手「做」的過程。行動不是為了後悔，而是為了過比現在更好的生活。所以不要退縮，「昨天沒走路，今天就必須跑步」以這樣的決心邁出大門。別再覺得茫然，銘記艾默生（Ralph Waldo Emerson）的話，「你虛度的今天，是昨天的逝者非常想活下去的明天。」行動吧！

/決心可能會消失，只有結果會留下

下決心人人都會，但很少有人能堅持取得結果，健走運動也是如此。昨天因為天氣太冷暫停一次，今天因為身體太累又暫停一次，如果因為太在意一些瑣碎的事，就絕對得不到想要的結果。遇到這種時候就要再次下決心，哪怕是強迫自己也要繼續堅持下去。

無論什麼事，都要集中在「做」。不要用「再堅持一下就會有好結果」這樣模糊的期待賦予能量，情感和結果應該分開，有了期待就會擔心得到不好的結果，所以還不如什麼都不要想。情感會比現實還誇張，結果會壓縮努力，這是必然的事。就算不情願也要行動，不管怎麼樣做就對了，一切只為了「Long run」。

一個人走著走著，想法就變了

工作中會有無緣無故想哽咽的時候。什麼事都不順，狀況變得複雜，把一天的辛苦都搞砸了。不是因為和別人吵架而生氣，而是對自己不滿意。這時只要有人不經意的一句話，就會刺激我的心，憤怒、悲傷等負面情緒一下子全湧出來。這種時候我會停下手邊的一切，出門走路。與其說是去運動，不如說是藉此放鬆。大搖大擺的揮動胳膊，抬頭挺胸跨步向前，聽著喜歡的歌曲，偶爾張望周圍風景，充分的活動肢體，就不會有餘力去想東想西。在某一瞬間驚覺「我什麼時候走了這麼遠了！」匆忙轉身回去，腳上踩著的是已經調整好的步調。

控制憤怒的情緒

生氣時，沒有比走路更好的發洩方法了。走得越久，就越能釐清生氣的理由。慢慢的會發現「我好像太敏感了」，其實也沒什麼好氣的，然後默默的回家，把思緒集中朝更好的方向思考。哈佛大學腦科學專家吉爾・波特・泰勒（Jill Bolte Taylor）在其著作《奇蹟》（*My Stroke of Insight*）中曾寫道，「憤怒是一種自動觸發機制下的情緒反應。因為某種原因，大腦開啟了自動機制分泌出化學物質，會讓我們經歷生理反應，這感覺會傳遍全身。從最初的刺激構成憤怒，到化學成分完全消失，整個過程只有九十秒。如果過了九十秒還在生氣，那就是自己有意識的選擇讓這個過程繼續在體內運轉。」**生氣是一種生理現象，但是否要持續這種現象，做出後悔的行為就是自己的選擇**。在努力穩定心情的同時，也要努力尋找中和憤怒的方法。健走可以助你一臂之力。

/做任何事前先增強體力

體力是一切的基礎。當我們無法從消極狀態中擺脫，很大一部分原因是因為沒有足夠的體力支撐，身體一直想休息，人就會沒有精神。若想堅持做好某件事達成目標，就必須先培養扎實的體力。每天持之以恆的健走影響了我的人生，不再常常怪罪別人或責怪自己，不讓情緒左右我，而是將心力放在正在進行的工作上。

當然若運動超出身體負荷會導致疲勞，這在運動初期很常見。剛開始體力很快就透支，稍微活動一下就覺得累了。這時不能輕易放棄，好好休息、好好吃飯，養成規律運動的習慣，體力自然會越來越好。變化不會在一夜之間發生，但身體不會說謊。為了實現目標，要有耐心和毅力。

健走運動有許多好處，可以幫助維持一天的循環，不再因情緒衝動的行動而後悔，心情平穩了晚上也容易入睡。生活均衡，自然可以全力朝實現目標邁進，還會對自己的堅持不懈和不輕易放棄感到自豪。所以現在馬上起步走吧，只要開始，什麼時候都不嫌晚。

意識並接受心理創傷的方法

電視劇《沒關係，是愛情啊！》中，男女主角有這樣的對話，「你知道這幅畫嗎？在沙漠生活的游牧民族為了防止駱駝於夜間逃走，會在睡前把駱駝捆綁在樹旁，到白天便把繩子鬆開，然而駱駝在白天卻不懂得逃了，因為牠們記著晚上綁住牠們的繩子，以為自己還被捆著……一如我們若記住了昔日的傷痛，就會無法邁開逃離的腳步。」兩個未能治癒幼年時期產生的心理創傷而成長的大人，共享黑暗的記憶。

心理創傷，是指衝擊性事件或人生遭逢巨變，造成心理揮不去的陰霾。造成心理創傷的問題一般來說都是長期未能解決，不會發生致命的影響，但會為日後的生活帶來長期的變化。

每個人在生活中多少都會經歷心理創傷，據說每十個人當中就有八、九人，心中至少有一個不想面對的回憶。

在我記憶中也曾有過創傷，是與家人的債務有關。當時因為父親生意失敗，我們搬到又舊又小的房子住。父母為了解決債務，不得已向親戚求助，但得到的卻是落井下石的嘲弄。我躲在被窩裡聽著這一切，當時年紀雖小，但仍明顯感受到不安，感覺好像是我被親戚們數落，那種不快的感覺至今仍很鮮明。當時我就意識到，沒有錢，人生、家庭都會崩解。

此後家境雖沒有太大的好轉，但讓我認定人生最重要的價值就是錢。因此長大後拚命尋找賺錢的機會，想像擁有財富後甜蜜的未來。相信未來成功之後的樣貌就是我的全部，存摺上的餘額是我自尊心的唯一支柱。

這讓我很早就建立了經濟方面的概念，對要過什麼樣的生活有明確的志向。以成就感為原動力，成果就是金錢報酬，也從中找到了自己生活的意義。但是每當遇到「只要有錢就是老大」的信念被否定時，就一定會感到不安。如果投資失利就會非常痛苦。生活再沒有樂趣，為了避免不安的未來，必須全神貫注。

這就是一開頭說到要先觀察自己的內心的原因，因為幸福的基礎太過薄弱。雖然生活看起來沒什麼問題，實際上卻很脆弱。最終我無法愛我自己，因此必須盡快透過重新定義幸福來形成立體的價值觀。不僅要回顧人生，還要與過去的我妥協，改變自己。當然從意識到創傷帶來的嚴重性這一點已經算是成功了一半。不管怎麼樣，**現在我已經有了不再逃避、面對變化的意志**。**接受我的創傷，決心改變自己**。

其實心理創傷通常會在一段時間後經歷恢復過程，因為人的內心蘊含了想要回復到更好狀態的自生能力，當然很難再回到創傷生成前的狀態。如果你也有心理創傷，並且想克服，接下來就看看有什麼方法吧。

/決定那個傷痛對我到底是不是問題

首先要確定過去的傷痛如今到底是不是問題，這裡並不是指去思考「從哪裡開始改變呢？」而是要放寬來看，先認同這也是變化的過程之一。過去感受到金錢的重要性的我也是變化過程中的一部分。從最後一名變成倒數第二，不也是一種「改善」嗎？同樣的，現在比以前更好了，由此看來，過去的心態已經沒有什麼作用，那只是在變化過程中面臨的，要根據現在的情況對哪些部分不足來改善。此時最重要的是相信自己，我們要相信「透過這個事件，我將再次重生。」

/行動與實踐

第二件事就是實踐。如果肯定了新的心態的正當性，就要化為實際行動。曾經認定只有錢才能守護我，但情況已經變了。**有一些人是即使我沒錢也愛我的人，應該在與他們分享幸福之中尋找意義**。正如在前面的文章〈在悲慘的環境中，每天每天都變得幸福的方法〉中提到，下班後和家人一起吃飯聊天、帶小狗去散步、因為天氣好打電話跟朋友聊聊等，都是幸福。

或者可以從書籍、文章中，對「除了錢之外，還有什麼是幸福的要素？」這個問題找尋答案。探索人生的各種珍貴價值，確立屬於自己的新價值觀。可以從學理方面找到答案時，就能擁有堅實的心，克服過去的傷痛，成為更睿智的人。

與過去的我妥協

回到心理創傷的起點，對那個時期的我說一句鼓勵的話、感同身受的話。如果到達這個階段，要與過去那個時期的我進行對話並不難。或許會感到尷尬，但只要集中在那個時期的我擁有的真誠就可以了。

對還年幼的自己說：「一定很害怕吧，可能會覺得世界末日來了，但是父母都還在你身邊，你用自己的方式也處理得很好啊，不是嗎？多虧了當時的你才有今天的我。」對剛成年的我說：「通過各種試煉，最終在經濟上實現了這樣的成就，成長很多。幸好你堅持做自己喜歡的事情，也沒有忘記維持穩定的收益。真是辛苦了。」想從各方面對自己說聲謝謝，「雖然以後的過程不會永遠一帆風順，但接過接力棒，我一定會好好走下去。以後會更幸福、更好。」

好好休息的方法

累了，全身的力氣都耗盡，躺了好幾個小時卻一直盯著手機看，看著一點都不好奇的內容，虛度光陰，但內心辯解說：「我正在休息，所以沒關係。」休息的意思是為了「緩解疲勞，放鬆身體」，但套用在我身上，我的休息似乎不是休息。為了消除想玩的念頭眼睛卻不停下來，雖然身體已經筋疲力盡沒有力氣，但是透過視網膜仍不斷接受光線和物品的移動，所以更加疲憊。這或許是最糟糕的休息。

我們應該把玩與休息分開，重新定義。有人會覺得玩樂也是一種休息，認為透過各種活動充電的方式，也可以視為休息，但是現在不討論那種休息，我想說的是空出一切時間，什麼都不做的休息。

首先，必須知道此刻最需要的是休息，什麼都不做，將電量耗盡的電池再充飽電。閉上眼睛，有意識的擺脫雜念和其他欲望，在心裡複誦「我什麼都不想，我是躺著的馬鈴薯。」雖然有點好笑，但默念數十遍，可以緩解情緒，達到身心放鬆的效果。努力不做太大的動作，調整呼吸，就能馬上體驗放空的狀態，甚至一下子就睡著了。那樣也沒關係。

休息時最重要的是，要把休息當作日程中的待辦事項一樣，一定要做到。每個人都一樣，該做的事情接連不斷，完成了一件後面還有其他事情等著處理。必須停止一切安排休息時間，不要將寶貴的休息時間浪費掉，必須休息過後，才能去做其他重要的事。實際確實執行。

重要的是找回生活的活力。找尋適合自己的休息方式，如果喜歡靜態活動，可以一個人去散步或露營，總之要找到最適合自己的方式。如果工作內容需要經常面對人，休息時就盡量遠離人群，享受一個人的時間。如果不是很想休息就乾脆別休息，重點是恢復活力，掌握自己想要什麼、真正想做什麼，並把它變成新的能量，做了會感到幸福的事才是真正的休息，接下來才能迎接新的一天、新的一週。

用冥想尋找內心的小宇宙

不要被占卜迷惑

偶爾會因為對人生模糊不清而彷徨，想找個依靠。不論那種依靠是否實體存在，但人們都希望可以把負面氣場消除，透過那種方式找到暫時的心靈平靜，但事實上我們也很清楚，不安時時刻刻都會降臨。把祈福和求助的願望寄託在那些依靠的象徵上，飛向精神世界，但心靈並不會得到真正的安定，因為如果不接近本質，只依靠像護身符之類的物品，一點用處也沒有。

還不如尋找能享受當下方法，將不安置換成幸福。不管是說走就走的旅行、和朋友們一起聚餐、買個喜歡的東西，只要是能轉換心情的方法都可以。總之要找回心靈的安定，必須改變心境，像換氣一樣，把汙濁的空氣排出、讓清新的空氣進入心裡，而這是自己就可以做到的事。

閉上眼睛，脫離思考

身體累的時候就什麼都不動休息一下，心累的時候也一樣，就把心好好放下，保持靜止狀態直到心的溫度回暖。最好的方法就是呼吸，不是無意識的放任身體自然呼吸，而是有意識的像下指令一樣，慢慢的呼吸，這樣可以讓混亂的心平靜。吸氣時，要意識到胸部膨脹，就像為身體注入了滿滿活力。

調整呼吸到一定程度後，就閉上眼睛，清空腦中的想法，把隨意湧現的雜念和不安拋開，集中精神尋找真正的自我，在寂靜中發掘自己本來的面貌，重新面對自我。當感到疲累時不要依靠別人，試著自己解決更有意義。

／就算委屈也不要怨恨別人

俗話說因果報應，如果傷害了別人日後一定會付出同等的代價。過去的行動引來結果並創造了現在，如果現在不知悔悟就會累積未來的不幸。那種人本身已經是不幸的人，他們的內心就是地獄，與惡魔打交道的他們能得到什麼好處呢？「近墨者黑」不是隨便說說的。

行動、說話、傾聽，控制這些的是我們的心，不要讓心排徊在善惡的十字路口。不喜歡某個人，就保持距離，現在我的行動必然將創造另一個現在，也許現在的痛苦在不久的將來會轉為回報。

心裡出現疙瘩時，就發洩出來

不要管別人怎麼看，大哭把氣發洩出來也好，但要避免對周圍人造成傷害。心中的抑鬱越積越多無法排解，久而久之會阻塞在胸中，所以需要一些人為的方式釋放出來，就像伸懶腰一樣，把全身不好的氣都排出來。

感受到不公平的對待，就大喊：「為什麼要這樣對我！」受到經濟壓迫時，就怒吼：「我已經很努力了，還不夠嗎？這可惡的世界！」討厭工作時候，就到沒有人的地方大喊：「我不要做了！」把以前沒說的話一吐為快，好好安慰自己。只要幾次心裡就會變得輕鬆許多。在不造成其他人損害的情況下，行動不越界，找找調整心態的方法。

／常常笑的人身邊會伴隨著幸運

無論是透過冥想穩定情緒，還是克制討厭某人的心，或在空無一人的地方偷偷抒發壓力，最終的目標都是希望在我的人生中一直圍繞著笑容，心裡總是吹著溫暖的風，充滿正向能量和希望，這樣就會隨時都被新的幸福籠罩。要記住，「愛笑的人最有福」，為了在瑣碎的日常中也能感受到幸福，在每個片段的瞬間都能感受快樂，就以愉悅的心情開啟新的一天吧。

以儲蓄守護未來的方法

儲蓄主要是指存錢，錢可以置換為幸福或快樂的感覺，所以省錢存錢也代表現在放棄享受幸福或快樂，一切都為了以後而準備。但是對現在的年輕人來說已經沒有說服力了，每年失業率不斷上升，共同體的意識崩潰，代溝、貧富差距、性別歧視等問題讓人覺得過去保有現在、準備未來的基本行為——儲蓄已經毫無意義。

但是這樣的生活不能持續下去，如果跟著當下的心情而花錢很快就會一無所有。**瞬間的快樂固然重要，但為了未來儲蓄也是愛自己的方式**。那麼在現在這個不確定的時代該用什麼方法儲蓄才好呢？以下雖是個人經驗，但也許可以提供一些參考。

／生活費以外其他消費百分之八十要節省

第一點恐怕就會有人提出抗議，如果是自己住，生活費包括房租就已經耗去薪水的一半了，所剩無幾還能怎麼節省？為了生存，除去必要的花費，像買宵夜、上班遲到坐計程車等為滿足情感需求或突發狀況而產生的花費都要想辦法避免。只要是與基本生活無關的支出，如果已經形成固定的習慣，就要改變。薪水的一半是必要支出，那麼剩餘的錢要學會自我控制。另外一些看似必要消費也可以再限制，像是手機費，如果有更低的費率又不影響使用習慣就果斷變更，或是減少每天買咖啡的習慣，在家裡自己沖泡也可以省下不少錢。

變更帳戶名稱

第二個方法是幫帳戶換一個名字，例如：「一年內存滿X萬」或「生活費X萬元以內」等別稱，透過看得見的文字寫下短期目標來提醒或警惕自己。文字使用最直接的詞句是重點，這樣每當看到存摺時就會有當頭棒喝的感覺，「如果生活費超過X萬元，等於是預支未來啊！」雖然對生活方式進行嚴格限制或許可能會降低自尊感，但是耿直的咀嚼痛苦後，就能品味到前所未有的甘甜。現在就先想想未來沉浸於幸福的感覺吧。

每日記帳

第三個也是很基本的方法，就是像寫日記一樣，每天記錄收支，養成不管是什麼花費都要數值化的習慣，再進行統計分類，週期性回顧。不管再忙也不能省略，每天都一定要記帳。只要持之以恆記錄一個月，就會顯露出「問題出在哪裡」，清楚明白應該在哪個部分減少消費。如果沒有規劃的減少開支，很容易會在某個時間點強烈噴發花錢的欲望。例如：把A減少百分之三十、B維持在百分之十，這樣控制好花費，明確掌握消費行為，就能有效率的實踐。

以上提出了一些建議，不過如果有人問：「你都有做到嗎？」老實說很難回答。平時雖然很節制，但偶爾還是會像脫韁的野馬一樣有花大錢的衝動。不過在下定決心以上述方法勒緊褲帶克制消費，我發現在不知不覺中似乎也產生內省意識，規範自己做合理的消費。這時我會下載新的家計簿應用程式，嘗試多樣化的方式自我管理。

不管怎麼樣最重要的是心態。即使反反覆覆的下決心，如果能持續，一個月、兩個月，不知不覺一年就過去了，要不斷告訴自己現在儲蓄、節省都是為了我的未來，為此，就要愛現在的自己。就算現在我不衝動的訂外送、不買漂亮衣服、減少花錢娛樂，也不會有損我的價值。這一點不要忘記。

尋找最適合的人生導師

現在人們不管做什麼事都忙著先尋找榜樣或導師，如果有需要當然可以參考某個對象，但應該避免盲目跟隨或仿效。成功人士的眼光並不一定都是準確的，他們只沉浸在成功的甜蜜中，與尚未成功的你實際上是有距離的，所以他們的建議，只是過去的建議。

Facebook的創辦人祖克柏建議陷入「FOMO」（Fear of missing out的縮寫，即社群恐懼症，意指因為自己的不在場而產生不安和持續性的焦慮）的，把「FOMO」改為「JOMO」。「JOMO」是「Joy of missing out」，放下害怕錯過什麼的不安情緒，換句話說，就是要享受錯過的事。這是非常有意義的話。爽快的放下不成熟的對應方式，氣定神閒的等待時機，這充滿可能性的建議讓人覺得踏實。但現實是一次失誤就會造成全盤失敗，令人不禁懷疑這個建議是否真的適用。對環境條件不佳、基礎不好的人來說，這種先放下的作法又是否妥當呢？如果知道錯失一次機會對他們代表什麼意義，或許就不會輕易說出那樣的話了。

同時現在處於低利率、低增長、低生育率的時代，出現了像「FIRE族」、「Flex」、「YOLO」等極端的新消費形態，暗淡的未來會讓人更執著於現在。雖然很多人都會根據自己的價值觀選擇如何規劃未來，不過我對年輕時努力工作節省開支，然後提早退休享受生活的FIRE族很認同，因此現在正努力從各方面增加收入，希望早日達成退休的願望。過去幾年這樣生活，我的人生輪廓逐漸形成，但是很多人只看到我一部分的樣子，就會說：「你賺的已經夠多了，為什麼還要那麼拚命？」好言勸我過得悠閒一點。也有朋友覺得我這個年紀只想著工作、只想著賺錢似乎太浪費了，是個不懂得生活樂趣、固執的人。這是不了解他人的無禮，還是不希望別人重覆自己的錯誤的關懷呢？即使是出於善意，但就算是成功者的眼光也並非完全準確，更何況是一般人呢？自以為出於關懷，但對某些人來說可能是無禮的行為。因此從各方面來看，成功者的視角無法完全套用在當下實際的思維導圖中參考，因為每個人所處的時空背景並非完全一樣，不能忽視其中所經歷的難處。

既然如此，是不是和所有成功者保持距離，也不要找尋什麼榜樣嗎？當然不是這個意思，排除在經濟上、社會上具有一定地位的人，他們的視角必然超越平凡人許多。可以在自己差不多的領域中找尋處於現在進行式的人，或是在業界已經領先一步的前輩作為導師或榜樣。可以一起工作，得到即時的反應或建議，也可以站在競爭者的立場上追逐他們。以最符合現實的計畫，選擇不斷成長的道路。為了更好的規劃人生，不要拘泥於教科書式的答案，站在現實中尋找適合自己的選擇吧。

打造支撐我人生的支架

／一點一滴累積的錢

如果存了一百萬，會想花十萬、二十萬；如果存了一千萬，會想花一百萬，這是人之常情，但要抑制住想花錢的欲望，在存到一億之前克制自己。不是只為了擁有更多的存款餘額，而是為了做自己真正想做的事，享受真正的閒暇。經濟的富足可以給人享受生活的餘裕。

離開過去旅行

戀愛談累了分手就好；讀書累了把書放下就好；如果覺得夢想太難，可以換其他夢想，但關於生計的事無論如何都要找到方法克服，不能中途放棄。或許正因為如此才需要旅行吧，這是為了更加集中於我的生活，在艱難的世界裡給自己一些慰藉。雖然只是讓疲憊的身體暫時休息，但是旅行還是可以讓我們重新審視自己。

與朋友交流

我有一個名為「除了我都不正常」的聊天群組，群組裡的大家彼此開玩笑說是一起出去會覺得丟臉的朋友，但在生活上遇到困難時，卻總在這個聊天室裡再次找回歡笑。天南地北的聊完，最後總是會說一句「當年真的很好。」但大家並不感傷。朋友在一起的時候能量會倍增，成為對彼此都有意義的存在。

每天吃的健康，每天運動

邁入三十歲之後，正式認真的進行健康管理。不是因為身體哪裡不舒服，而是想為以後的生活打下良好的身心基礎。如果按照自己的期望，趁年輕賺到足夠的錢，早早享受經濟自由的生活，然而玩樂也需要體力，情感上的消耗也需要能量，只有我健康，才能持續照顧好我自己和我身邊的人。

用自己賺的錢送父母禮物

本分的意思是安於自己所處的位置，走應該走的路。小時候在父母的羽翼下生長，沒有認清這個道理，長大自立後，開始在父母面前感到羞愧，因此一有機會就送各種禮物給父母，像償還心債一樣，自己的心情也變得很舒暢。

小小幸運降臨的瞬間

生活中會有意想不到的幸運降臨的時候，例如原本毫無期待卻抽中想參加的活動或買樂透中了小獎，都會感到驚喜。還有收到禮物、吃了美味的食物等瞬間感到幸福帶來的快樂。偶然降臨的小幸運能在枯燥乏味的日常中，為人們帶來如同綠洲般的活力和喜悅，也可當作是上天賜予的小小鼓勵。

獨處的時間

把手機調到飛行模式，躺在床上半天什麼也不做；一個人獨自散步，靜靜感受清晨瀰漫的空氣。最近喜歡不受干擾一個人做任何事，因為我領悟到這世上沒有比我更會照顧自己的人。當什麼事都不想做時，我也把自己調整成「飛航模式」，跟外界隔絕。在一個人散步回來，一直到凌晨，只聽著喜歡的歌或看書，會有一種充實的感覺。獨處給自己的力量真的很大。

完成工作的成就感

當完成一本書或稿費入帳時，會覺得很有成就感，這時候有首我一定會聽的歌曲，就是巨星·馬龍（Post Malone）的《Congratulation》。對我來說，這首歌最適合表達難以形容的輕鬆心情。聽著喜歡的歌曲可以樂觀地看待未來，健康的化解被壓抑的欲望。有人說那是一種宣洩，不過那都是在大腦中發生的事，我只管享受我人生中的每一瞬間。

第三章

靠近的心靈，撤退的勇氣

與其付出愛，不如過著被愛的生活。
停止只有給予的愛，現在開始接受愛。

愛「愛我的人」

我喜歡的人也喜歡我，這就像個奇蹟，雖然可能發生在任何人身上，但卻也不是那麼容易發生。因此如果你喜歡上一個人，自然會全心傾注，希望對方也喜歡你。喜歡的心越來越膨脹，如果得不到回報就會在心裡留下傷口，愛得越多，傷得越深，還會自我懷疑，「他怎麼都不喜歡我，難道我真的那麼差嗎？」

這種情況該怎麼辦呢？不要過分執著不可能的關係，總有一天會遇到喜歡我、把我放在心上珍惜的人，這樣的戀情不管過程和結果都會是很美好的。比起強烈燃燒後迅速冷卻的感情，不冷不熱、溫溫的感情更能持久。

當然這不是降低期待的意思，每個人都有隱藏的魅力，有時要換個角度，才能看到對方的真正價值，而這需要以長期穩定的相處為基礎。穩定交往可以感受到戀愛的甜蜜，以前不美好的經歷會有一種苦盡甘來的感覺。我們並不是生活在偶像劇或電影中，不要過度理想化，而是實際的戀愛，我們需要的是能在日常生活中填滿幸福的人。

如果一時很難放棄執著，那麼就想想我喜歡的人為什麼對我不感興趣，再想想自己有什麼理由可以不必再喜歡那樣的人，這麼做是基於以下理由。

／就算如願以償，成就感也微忽其微

克服困難後我們會感到喜悅，因為付出了努力，如此辛苦所得到的結果更具意義，自然很有成就感。但如果把成果變成喜歡的對象，戀愛是互相的，就算你付出再多，對方沒有同樣的心意，那麼知道你的真誠又有何用？人際關係的基本就是對他人無心。

得到的心不珍惜

因為愛的多，所以容易被當成工具，面對像原石一樣純真的心，卻不時想著「該如何好好利用」。如果解釋的話，就是知道有人真心愛我，但僅止於知道，並未傳達到心裡。只有在需要的時候假裝相愛，或是當作備胎，當作在別處受傷或疲憊不堪時的歇腳處。另一方面，也許比較渴求愛的一方會感到滿足，但實際上不說也知道結局已經注定好了。非發自內心的愛情，只會導致傷害。

當然單戀也是真心的，不是不能認同讀這篇文章的你的悲傷心情，但我想說的是，即使只是單戀也不行，還是儘快放棄吧。「與喜歡我的人交往」雖然像陳腔爛調，但卻比較實際。

遇見喜歡我的人會很幸福

那麼如果遇到喜歡自己的人會有什麼好處？第一，時時感受被愛，一邊覺得「有那麼喜歡我嗎？」一方面心裡卻又覺得很滿足，被對方的心意感動，被珍視我的人吸引，漸漸陷入愛裡。對方只要看到我就會露出笑容，還有看到他努力的樣子，不知不覺心裡也會挪出空間給他。第二，這樣才能真正的戀愛。隨著穩定的交往，消耗在不安和擔心的能量，轉而成為發掘對方各種面貌的動力，就像在肥沃的土壤中播種，看著花開，享受結果的喜悅一樣。

與你相遇 讓我成為更好的人

和這樣的人交往吧。只要看到我就高興得不得了，無法停止笑容，對自己的感情非常坦率的人。為了現在的關係，懂得先道歉的人。連我害羞的樣子都原封不動的愛的人。能言善道卻不爛情的人。不是因為我成功而接近我，而是會在我遇到困難時給予力量的人。發現我有苦惱會比任何人都積極給予建議的人。為了不讓我擔心會主動聯繫但不會黏著不放的人。因為今天月亮很美而拍照傳來，順便告知他正在回家路上的細心的人。讓我變得更好的人。如果遇到這樣的人，就能共同創造真摯的愛情。更具體的說明如下。

／懂得尊重對方的人

雖然有自己的標準，但當遇到喜歡的人，會以對方為重。即使有不同的興趣還是可以共享，超越共鳴，帶著愛提出各種想法。最重要的是全力支持我的人。

／即使是微小的幸福也會分享的人

住在同一個社區裡，可以毫無壓力相處，隨時讓出身旁空位。在寒冷的冬天把手放在口袋裡十指交握，呼呼吹涼剛烤好的紅豆餅分著吃。溫馨的氣氛，剛剛好的微醺，記不清電影內容，但投影機映照出的卻盡是幸福。與記得所有一切的人交往吧。

細心指出優點的人

即使發現我一百個缺點，也會當成是一百個具成長可能性優點的人。比任何人都能發現我的新價值的人，即使覺得自己沒有什麼可炫耀的，但提到愛就會感到自豪的人。

自尊心強的人

要與真正愛惜自己的人相遇。避免與因偏見、失敗意識、自卑感等而認為別人會看不起他的人交往，雖然自己有不足之處，但勇於面對並懂得學習，展現超越自己的魅力的人。自卑情結就像從心裡長出來的黴菌一樣，很容易就傳染出去。

認識很多好人的人

有句話說「物以類聚」，只要看看他身邊親近的朋友，就能了解他是怎樣的一個人。仔細觀察他在朋友之間相處的狀況，意外的可以很容易看出他的人。如果平時溫文儒雅，但與朋友在一起時會亂說髒話或罵人，就應該重新考慮。有人看起來總是衣著整潔，給人善良的印象，但在家裡卻十分邋遢。如果他周圍的人也和他一樣單純善良的話，就不要錯過他。

命中注定的人

就像靈魂伴侶一樣，會心有靈犀一點通，什麼事都可以一起做的人。有很多共鳴，就算熱戀期過後仍能像朋友一起舒服的相處的人。個性與我相符、很合得來的人。不僅會尊重我的價值觀，並且能夠共享和守護這些價值觀的人。

可以毫不猶豫的放下自尊的人

比起追究對錯，更擔心關係被破壞的人，或是為了不讓心情左右態度，不讓瞬間的情緒影響關係，而把我放在第一的人，這種人越交往越會發現是個好人。即使放低身段的態度讓人覺得不太可靠，但也要理解其必有深意。

現在應該談一場自私的戀愛

與其付出愛，不如過著被愛的生活。停止只有給予的愛，現在開始接受愛。你可以自私一點，把自己放在第一位。如果你用盡全力去愛過了，現在大可理直氣狀的行動，**像尊貴之人一樣行動，必然也會遇到把你當尊貴之人對待的人**。所以不要在毫無意義的交往上費心，會留下的人就會留在我身邊，那才是「我的人」。

當然，有的人可以好好照顧自己，有的人則是會受傷。一般不珍惜自己的人若對別人傾心，被拋棄的情況就是如此。或是一直都與類似的人交往，後來逐漸習慣了被傷害。在愛情中總是站在「乙方」的位置，自然不了解在關係中必須占據優勢。在計算利害關係的同時，仍認為感情問題應該從感情的角度來解決，無法擺脫為某人犧牲、無條件給予的習慣。越是努力想擺脫，心裡反而會越不安。這種人覺得委屈的地方也與眾不同，對於自己愛得比較多並不覺得難過，反而是覺得對方沒有改變而感到失落。不把關係上的優勢當一回事，而把焦點放在戀人之間理所當然相處表達的過程上。

現在應該學習熟悉居於甲方，也就是要居於關係中的優勢。不要被他人的話左右，停止過度的犧牲。如果給了對方百分之百的真心，卻只得到百分之五十的回報，也要了解剩下百分之五十的價值，將來與能填滿那空缺的人交往。因此必須學習自私一點，以自我為目標而生活。接下來有一些方法與大家分享。

養成輕鬆戀愛的習慣

如果有人對你表示好感，就不要猶豫去交往吧。比起因為喜歡而交往，不如以培養尋找適合自己的人的能力，敞開心扉。這樣經過幾次的交往，可以累積相處對應的經驗，了解哪種類型的人容易造成傷害，如果不想重蹈覆轍應該怎麼做，可以得到領悟人心的智慧。至少可以訓練看人的眼光，避免遇到所謂的渣男渣女。

要懂得當機立斷

情人之間有些行為會破壞彼此的信任。即使是瑣碎的小問題，在以前出現時就要留意，如果置之不理累積成大問題後，就要以冷靜的態度解決，「除了你也不是沒有其他對象，既然你如此對待我，那麼我們就不用談未來了。」或是告訴對方：「我這麼好的人，只有你不知道。」然後酷酷的轉身。在戀愛關係中，有時也需要客觀的視線和獨立的態度。如果對方不尊重我，不管再怎麼喜歡，也必須理性判斷。

不要為愛拚命

別認為關係很特別而過度敏感，與某人分享真心，認為那樣就是愛，其實在愛情裡仍是兩個不同的人，不要因為偶爾聯絡而在意，有什麼不合的也要試著接受，這樣才能輕鬆戀愛。同時任何人都可能以某種形式傷害他人，好人並非就不會傷害別人，所以在談感情時要考量這一點，降低期待值可以成為守護關係和自己的手段。

現在應該學習優勢戀愛，也就是要當愛情關係裡的「甲方」。如果感到有負擔，就不要再談沒有自尊的戀愛。要放在人生的第一位的是自己，而非戀愛。集中在自己身上，人們會自動聚集過來，自然有機會展開新的戀情。無論是累積經歷或打理外貌，總之要把焦點放在提高自身魅力，要先愛自己，才是真正以自我為中心的愛情。

聯繫是衡量愛情的尺

戀愛時最重要的就是聯繫，這個問題造成許多戀人之間產生矛盾。即使忙到當下無法聯繫，也要想辦法傳達待會兒聯繫的訊息。雖然可能沒什麼重要的事，但是對戀愛中的人來說，這種瑣碎的聯繫等於是一把衡量愛情的尺。要說期待對方的問候，不如想要分享彼此的日常生活，對情侶來說，聯繫並不是單純的信息交流，而是另一種愛情形式。

保持聯繫是戀愛的基本，看起來似乎沒什麼難的，但是真要抽出時間聯繫也不是件容易的事。只有發自內心的關心，對方才能位在我心中的優先位置，這樣才不忘時常聯繫。

常常互相聯繫的人，就算不在一起也覺得很踏實。「你在做什麼？」「去哪裡？」這些日常對話，可以讓彼此放心。為了不讓人覺得自己是心胸狹窄、處處約束另一半的人，會更加細心關懷對方。比起簡訊更喜歡直接打電話，甚至是視訊通話，告訴對方有多麼想他。絕不會因聯繫的問題而煩心，而且還會得到感動。

感情不會平白無故變得深厚，必須用尊重和愛來持續照顧。小小的關心會帶來任何禮物都無法取代的感動，但如果置之不理，感情將失去信任，最終無法挽回。

然而這種想法也可能只是部分人的意見，對另一些人來說，愛情的維繫可以用其他東西來代表，而不是瑣碎的關心。即使再怎麼提醒「要常聯繫」，對於持不同看法的人來說，仍舊無法理解。

不過如果不想和另一半分手的話，我會建議以下方法。

先自然而然的聯繫。所謂聯繫可以想作是單純的交談，共鳴能力較弱的人可能感覺不到必要性。當聽到別人說「要常聯繫喔」時，會反問：「一定要聯繫嗎？」這時只能改變對話方式，以誘發聯繫的動機。

比如對方沒有回覆，也要堅持等待。對方不聯繫，你也不聯繫；對方已讀不回，你也已讀不回，直到「在做什麼？」「忙嗎？」這些訊息傳來之前先堅持等待。這並不是不關心對方，只是順著他不注重聯繫的個性，不要因此而糾纏對方，關係還是會延續。

這是以誘發類似動機，以引起對方反應的過程。用不一樣的語氣和對話方式刺激人的好奇心，算是一種權宜之計。只是在「對聯繫的價值觀沒有變化」的狀態下，轉向對自己有利的方向而已。可惜的是，與性格不同的人還是有無法逾越的障礙。只是如果有比分手更好的選擇，就試試上述的方法吧。

所以還是找一個和自己對於聯繫這件事觀點相符的人，不會因聯繫問題而陷入頭疼狀況的人，無論如何都會抽出時間聯繫的人，和這種人交往吧。

表達再表達

愛你的人，雖然很容易因為瑣事而傷心，但也經常會因瑣事而被感動。對他們來說，那些不是「微不足道的小事」，而是「日常生活中不可或缺的珍貴的事物」，愛你的人會一直透過各種方式表達。

愛情既是心意，也是表現，因為心不能拿出來展示，所以就要用其他方法表現。缺乏表現可能會導致關係破裂，沒有表達出來的心意和不帶真心的表達，雖然兩種都不好，但就算只是形式，一般人還是比較容易被表現出來的人吸引。希望愛會自然而然傳達給對方的被動態度，只會讓感情更快冷卻。

就從瑣碎的事物開始，成為時時讓人感動的人吧。在身體動作、眼神、語氣、行動上，都要流露出情感，給人一種為對方著想的感覺。不要吝惜表達，以確定彼此是互相關懷的。應該怎麼做呢？要掌握對方的心思不是一件容易的事，以下就介紹透過各種經驗獲得感動的方法。

／從對方的觀點出發，滿足對方的要求

當情人吐露心聲時，要能了解對方希望的是什麼，要懂得區分是建議、鼓勵，還是安慰。現代資訊發達，可以查詢到很多資料，參考資料後提出「要不要試試這個方法？」這樣真心的建議就很完美了。

又例如當情人問：「你愛我嗎」時，不要猶豫，要馬上回答。因為一旦表現出猶豫的樣子，對方就會感到失落。也不要辯解自己是為了想一個好答案才猶豫，「愛是不需要理由

的」，反射性的說：「我愛你」就好。雖然多少有些形式化，但是問的人其實也是希望得到形式化又迅速的答覆，所以沒有關係。

／細心關懷

雖然很清楚，但是因為太理所當然了，所以讓我們留心一下沒有實際做到的行為吧。只有透過充滿關懷的眼睛才能知道的，可能有很多。例如：一起走路，讓對方走在內側；當對方遲到時笑笑對他說：「沒關係，我也才剛到。」這些都是日常生活中可以製造的小小感動。

如果能在沒什麼特別的日子裡送上特別的禮物，那就再好不過了。一小束鮮花或手寫信，可以將愛意最大化。懂得從瑣碎之處關懷，就能帶來相應的感動。歸根究底，所謂的表現並不局限於甜言蜜語或稱讚，而是能如實傳達我所有真心的誠懇行為。

專注的樣子最具魅力

環顧四周，就會發現一個大家公認很有魅力的人，具有讓氣氛變得明朗的能量，並知道如何將能量愉快的傳達給別人。即使遇到困難也能馬上擺脫，就算受到阻礙也不會在原地停留太久。具有高度自信和自尊，在人際關係中不會過度貶低自己或看別人的眼色行事。對愛情也一樣，專注和不嫉妒的模樣看起來更具魅力。

那麼魅力是在成長環境中培養，或是與生俱來的嗎？當然不是，即使環境不是很好，也可以培養自己的魅力。只要不放鬆努力提升自信，學習控制穩定的情緒就行。那麼需要做些什麼樣的努力呢？

／把生活的價值放在自己身上

如果集中精力做自己的事情，堅持自我開發，好好安排自己的人生，不要太在意人們的眼光，不要為了取悅別人而生活，要培養自己的價值，讓他們為我著迷，長久的留在身邊，要自我管理。俗話說，越是追求愛情和金錢，反而會越離越遠。就讓那些事物來找我吧，若自己不求進步，還不如不要試圖展現魅力。

工作時要像職業選手一樣追求完美，工作之外的時間可以透過運動或學習努力自我提升。為了發掘自我，要時刻努力。如果集中於自我開發，就沒有餘力去在意別人的目光，不會擔心「那個人會喜歡我嗎」這種問題，人也自然而然看起來氣定神閒，流露自信。魅力不是自己說的，而是透過他人的視線來定義。希望大家都能戴上讓自己發光的面具，在他人眼裡都是值得憧憬、沒有不足的人。

不要露出內心想法

除了至親之外，對其他人都採取親切的態度，只說必要的話，展現自己的全部不一定就代表坦率、直爽，人會本能的尋找其他人的缺點，要知道自己做什麼行動、說什麼話時最有魅力，要學會隱藏與對方不適合的部分。

面對異性時，最好也有自己的標準。像是與A保持一定距離，在B面前展現更加有個性的一面。多與各種人來往，規劃出面對不同人的應對方式，如果遇到不想錯過的人時，就能抓住對方的心。

對對方的優點做出反應

雖然外在的魅力會隨時代和人的變化而不同，但是人與人之間的情感交流絕對不會過時。在這裡指的是稱讚、共鳴、微笑等被稱為「反應」的行為。每個人都會從認同自己、會傾聽自己說話的人身上感受到魅力。當聽到稱讚或得到微笑，都會想展現更好的一面給對方，甚至會感到一些心動。因此不要忽視小地方，不要吝嗇稱讚別人，對愛笑的人可以讓他知道「和你在一起總是很開心」，不只是因為微笑的臉很美，而是我已經觀察美麗的你很久了，看到如此有魅力的人，任何人都會稱讚。

只有尊重自己，對方才會尊重我

在戀愛關係中，總會有一方是居於劣勢，比較沒有自信。當然這並不是本人所願意的，書讀過了，專家演講的影片也看過，各種努力都嘗試過，卻仍然不由自主的貶低自己。如果責備他們，他們會更沒自信、更加退縮。要擺脫這種惡性循環，必須客觀的診斷和改善，這需要專業的幫助。在這裡我只想討論透過共鳴改變想法的方式，**希望不要再習慣性的說「不行」，而是用「說不定行」來規劃今後的人生。**

／忽視自己魅力的人

這種人會指出他人的優點，並給予稱讚，但是對自己卻是極度謙虛。雖然說尊重別人、不自誇自捧的態度是美德，但是盲目謙虛也會帶來反效果。再加上過度自謙會產生委屈的心情，覺得「我如此小心謹慎，你為什麼不是呢？」或感覺「難道我就那麼沒有魅力嗎？」加深自卑感。沒有自信，自尊心也跌到谷底。因為善於捕捉他人的優點，對自己的缺點也特別敏感。不健康的自我意識不斷對立，導致持續的自我貶低。

「比較意識——自卑感——心靈空虛」這些問題是相連的，只有切斷比較意識才能開始改變。應該反覆思考「我是任何人都無法比較的存在，是一個比想像中更好的人」。每當心理又有負面想法時，就要召喚正面、肯定，即使沒有根據也沒關係。不要跟別人比較，專注在自己的優點上，久而久之自然能提升自信。

／雜念太多

自信心低的人，如果聽到對方說你很好，就會想「他為什麼喜歡我？該不會只是說說而已吧。」如果對方厭倦而離開，就會合理化這個結果，告訴自己「是吧，不意外。」

喜歡一個人需要理由嗎？對他人給予的稱讚說聲謝謝或微笑就可以了。如果想知道原因，也不要把疑惑表現出來，藏在心底就好，「莫名的好感就像剛萌芽的種子，也不知道等到鮮花盛開，得到某人的喜愛。」將毫無根據的幸福當作長期投資一樣先放著。

不必要的想法在戀愛中也能觀察到。如果對方遲遲不回訊息，就會抱著手機不時察看。如果沒有誠意的回覆，就會反覆確認，自己在腦中進行各種解讀。注視對方的一舉一動，最終導致信任出現裂痕。如果對方比較慢聯絡或回覆訊息沒有誠意，就當他正在忙吧。如果這種態度反覆出現，也不要用無謂的猜疑來折磨自己，與對方坐下來好好溝通才是正確的解決方式。

連分手也怪自己

交往和分手是很自然的事，但自信心低的人會從自己身上找原因。分手有各種因素，有些只是瑣碎的小事，但沒自信的人會嚴厲責怪自己，特別是身邊沒有能幫助提升自信的情人，只有不斷的怪自己，憂鬱和消極的想法充斥在腦海裡。這種狀態變得嚴重，就會對日常生活造成影響，人際關係也會遇到困難，這下該怎麼辦呢？在分手的同時，消除腦中的所有想法是最好的辦法。**「分手？可以啊，雖然我也有責任，但並非全都是我的錯。」對一段關係的結束就迴避責任吧。不要多想，結束的關係就當畫上一個句號，然後進入人生的下一頁。**

自信心低對戀愛、社會生活、日常生活都沒有幫助。因此不管什麼狀況，都希望能夠逐漸擺脫。歸根究底，只有我要先尊重自己，我愛的對象才會尊重我。要相信我是一個無論對自己還是對他人都值得受到尊重的人。

好好吵架，更加相愛

談戀愛並不總是幸福的，兩個在不同環境下生活，性格不同的男女相遇，必然會發生衝突。當然也有最大限度包容彼此，和平追求幸福的戀人，但是大部分都會經歷很多矛盾，不少情侶會因為小事互相傷害，最後分手。原本只知道互相喜歡，當愛情多少有些冷卻時，因為不懂應該針對不滿意的部分協調意見，所以產生了這樣的結果。要避免這種情況，平時要學會合理交換意見的方法，戀人之間的爭執是必然會發生的，但要透過健康的方式解決矛盾，重生為更好的關係。

不要對所發生的事情斤斤計較

如果因為不可避免的原因發生了爭執，不要追究誰對誰錯。會起爭執，兩方都有責任。如果因為聯絡上的問題而吵，不要只強調自己的委屈，一昧怪對方，可以告訴對方，「這個問題造成我很大的壓力，可以想辦法改變一下嗎？」如果還是改變不了，再想別的辦法也不遲。

沒有必要把問題鬧大，如果事情並不嚴重，就迅速承認，在考慮問題的過程中，專注找尋對策，為了以後不再發生同樣的矛盾，只有互相交換意見，找到共識，才能稱為是大人的戀愛。

情緒激動時暫時保持距離

不管怎麼控制情緒，但因為是人，所以都有可能會發生感情用事的狀況。這種時候不要說出傷害感情、傷害人格的話，各自抽出時間來談，「這點讓你覺得很傷心吧，在這方面我的確不夠成熟。」充分認同對方的立場，這樣也有時間可以客觀說明自己的處境。最重要的是，**起爭執的目的不是為了破壞關係，而是為了成長為更好的關係**。即使下次再起爭執，也可以成熟的應對。

還有一點需要注意，那就是一定要遵守「只是一時」的原則。為了不讓誤會引起誤會，不要讓人留下因為鬧情緒而和解的印象，不要拖延太久，用訊息或電話先尋求對話的機會。「對不起，我不是那個意思，是我想得不夠周全，如果有時間的話，可以見個面聊聊嗎？」這樣說就足夠了。

談戀愛前最好知道的事

／我的心不是全部

只有對方對我有好感，那麼堅持不懈的追求才有意義。要摒棄盲目努力就能心想事成的想法，一個巴掌拍不響，只有單方面，任何情況都不成立。那是一種暴力，更何況如果對方緊閉心扉時強行打開，反而會造成傷害。盲目的喜歡一個人，並非做了能引起對方好感的行動，就能解決所有問題。

／讓他看看他會喜歡的樣子

如果關係有進展的可能性，就做一些對方會喜歡的行動。那個人喜歡什麼？興趣是什麼？價值觀是什麼？這些可以用輕鬆但尊重的態度去了解。可以想想他為什麼在乎我，最重要的是想想「該以什麼樣的態度對待他，才能讓我們越來越幸福呢？」就會知道該採取什麼樣的行動。當然禮儀和親切的印象、基本的禮貌和關懷是基本中的基本。

／承認不可能的緣分

帶著好感交往的關係並不一定能持續下去，可能會發展得很好，也可能會不好。不管怎樣都不要太傷心，就當沒有緣分。又不是喜歡了一輩子，為此傷心欲絕，事後才發現有多可笑。如果遇到新的緣分，很快就會忘了曾發生過那件事。就當作是尋找適合的伴侶，走向幸福的旅程吧。不順利的話，可以繞道走另一條路。

不要操之過急

成功與喜歡的人交往後，有時會回顧以前的某種決心或覺悟，例如：「想好好和他相處」、「這次的感覺不一樣」，把當時的關係包裝成特別的一段感情。但是期待越大失望越也越大，如果關係破裂，就得把那些苦澀感拾起自己吞進去。因此，只要是符合心胸大小的愛情就可以了。初期的戀愛只是有點特別的人際關係罷了，和其他人一樣對待，給予一些特別的關心，應該就足夠了。

如果總是失敗，就要檢視自己

如果很難只說一個理由，那就是整體上的不足了，尤其若繼續以相似的理由失敗，更是如此。專心工作，一邊專心管理自己。改變一下，與以前有個鮮明的對比。

更具體的說，就是要營造與某人自然交往的環境。衣服要穿得乾淨俐落，每個地方都要檢查清潔情況，準備幾個基本款香水。以我現在的狀態，知道還不夠，那麼就應該適當使用金錢和時間補足，坦白來說，如果外表不夠好看，就要用努力來彌補不足。

要改變自己，了解能夠產生共鳴的方法也是很好的。比起偶然進行的對話唐突的向對方表示好感，不如以輕鬆的示意和不經意的關懷、保持笑容，聊一些日常話題，適當的加入一些幽默，另一方面也要表現出專心工作的樣子，這樣就很好了。這些不能只是記在腦袋裡，而是要透過各種經驗，學會用身體習得。當然這也許需要很長的時間，但絕對值得。

一定要和這種人分手

／仗著職業無視他人的人

就像把員工證當作金牌一樣，和別人見面時總想證明「我可是這樣的人啊！」把高薪或社會地位當作萬能，這種人最好避開。「談戀愛時那些有什麼重要？只要對我好才是最重要的。」但這種人在所有關係上都是以比較意識為基礎，當兩人之間的差距懸殊時，就會輕視對方，無視社會地位比自己差的人。

／在未成年時期曾傷害別人的人

從學校畢業後進入職場，大部分的人都會把過去遺忘，因為生活變得忙碌，想法也變得比較成熟，不想再表現過去的樣子，在戀愛關係尤其如此，但時間一久還是會暴露出來。可以仔細觀察一下那些酒酣耳熱之後放鬆的人，在酒桌上陶醉於興致而放鬆的樣子吧。例如：提到在學生時期霸凌同學的事時，就像回憶好朋友一樣，從朦朧的回憶中可以了解真實面貌。

／只顧維護自己的自尊而無法溝通的人

有些人說自己不會表達內心的想法，但往往一不高興就會爆發憤怒。問題在於沒有解決的意志，如果要求進行正常的溝通，就會把門關上。經過「爭執——對話——調整」的過程是正常的，但如果是「爭執——摩擦——迴避」就讓人心急如焚。如果想跟他對話，他會說：「你除了這個沒別的好說嗎？」反質問；如果先道歉，會說：「你這是什麼道歉啊？」一再強調自己的傷害像是永遠無法抹去似的，要求反省過錯。那種態度過於自我中心，最好不要跟這種人糾纏在一起。

爭吵時會提高嗓門、假裝打人的人

如果本人的要求得不到滿足，就會提高嗓門壓制對方，「你只說好聽的話哄我是吧。」只在意自己的情緒。這種人比起溝通，更喜歡警告；比起交流，更傾向用脅迫的方式對待別人。他們會像事先警告一樣說不要惹自己生氣，經常使用精神暴力，如果不滿意就假裝要打人的樣子。他們會為自己辯解說生氣時就算會扔東西，也不會真的對人使用暴力。電視節目

《你好》中曾有一對夫妻，丈夫在節目上說自己會生氣但從未打人，可是主持人之一的諧星申東燁說：「雖然很自豪的說沒有打人，但你的眼神和你說的話都算是暴力，會造成多麼大的傷害你知道嗎？」特別來賓洪錫天也說：「你的行為間接表達了想打妻子的想法啊。砸壞電視就跟打了妻子一樣。」在精神上和心理上施加壓力的行為跟暴力沒什麼兩樣。

充滿自卑感的人

有人會在關係中尋找自尊，讓人無話可說。這種人很敏感，對隻字片語反應都很尖銳：「現在這話是看不起我的意思嗎？」一對情侶一個已是上班族，而另一人還在待業中，圍繞著自卑感的問題就很容易出現。約會時有收入的上班族總是多出一點錢，待業中的另一方一開始很感謝，但久而久之內心就會開始產生：「是不是因為我現在沒有收入就看不起我？」開始莫名的表現出煩躁和失落的樣子。自卑感百分之百是自己的問題，不要把應該自己解決的情緒表現出來，破壞兩人的關係，身為成年人，應該學會自己處理負面情緒，建立成熟的關係。

散布謠言、假裝自己是受害者的人

有人與情人分手後會散布不好的傳聞，誇大交往時的矛盾，突出對方的缺點，佯裝自己是受害者，不讓對方有機會辯解。戀愛時當然會有一些只有兩個人知道的祕密，那些曾經對最信任、最親近的人傾訴的話，卻在分手後成為別人茶餘飯後閒聊的八卦，這樣實在很不好。不管別人會怎麼想，只為了自己一時的痛苦而隨便說出別人的私事，這種人要保持距離。

習慣迴避的戀人應該這樣對應

如果交往中的戀人有迴避問題的傾向該怎麼辦？不知道該如何與這種戀人溝通嗎？當然詳細的對應方式應該透過專業或諮詢協助，不過以下內容是我從周遭的人的經驗中整理出實際的建議，可以提供參考。

答案已定

「爭吵不是斷絕關係，而是溝通。有問題應該透過對話來解決。」這句話看似正確，但對某些人來說卻行不通。所謂的戀愛觀其實沒有必要非得遵循不可，就像每個人的想法和價值觀都不同，對於具有迴避傾向的人來說，爭吵只會造成不幸或心理陰影。

該如何最大限度的尊重他們呢？與其苦惱「他為什麼會那樣？」**不如換個想法：「他原本就是那樣的人。」這時也要尊重我們自己，與不適合的人早早分手，才能遇見合得來的人。**人只有和自己心靈相通的人在一起才能幸福，因此要能馬上認清遇到問題會習慣迴避的人。有過與那種人相處的經驗，以後就知道如何避免再遇到，不過風險很大，唯一的辦法就是在戀愛初期透過經常對話來了解對方。

／人是無法修正的

因為戀愛時間久了情已深，或是雖然知道對方的缺點卻也無法抗拒他的魅力，就只能自己努力改變了。不過也不要太過自信，因為人很難改變。不過如果一開始改變的意志堅定，在改變的過程中也做好了接受任何批評抱怨的準備，不時用軟硬兼施的方法，或許會不一樣，雖然這也不是件容易的事。

然而愛的先決條件是要尊重原本的面貌，然後才會表現出來。僅此而已，奉獻或犧牲不會產生愛的感情，雖說當愛情的深度無法估量時，會無私的奉獻和犧牲，但這也不常見，所以沒有必要在消耗性的事情上浪費精力。如果一開始就是會改變的人另當別論，但**人不是可以被修正的，應該與已經修正好的人交往，這話不是沒有道理的。找個真正適合自己的人戀愛吧。**

等待更好的緣分

談了一場艱難的戀愛，你一定很辛苦，費了不少心力。要忘記愛情並不容易，但你還是做的很好，讓我為你驕傲。即使越愛越悲慘，仍無法忘記那個人，這樣鬱悶的夜很漫長，但我堅信，因為是你，在遇到新戀情時會做的更好。我只希望你能好好分手，迅速恢復自信。即使痛苦的經歷也會成為養分，創造更好的自己。只要照顧好自己，就會遇到好人。希望你能盡快整頓好你的心。

一定要談戀愛嗎？

最近常有人問：「你不談戀愛嗎？」，我總是會說出同樣的答案：「每天的生活都忙不過來了，實在沒有精力去管那些事。」我現在正忙於實現自己的目標。滿腦子都是工作，沒有心思去展開戀情。就算有喜歡的人，現在也沒有自信能付出心力好好對待。現在的處境不適合談戀愛，也沒有心思談戀愛。

但是人們聽到我的答案後，還是會追問，身邊沒人陪不覺得孤單嗎？人從一開始本來就是孤獨的生物，任何人都是帶著孤獨生活的。不是因為沒有談戀愛而孤獨，人生本身就像一艘在海上獨行的帆船。我認為孤獨也有深度，**並不是說身邊有個人就不孤獨了，如果透過自我反省或探索，無法明確找到「我**

想要什麼？想成為什麼樣的人」的答案，那麼不管身邊有誰在，都還是會感到孤獨。與戀人一起度過時間只是在表面上看起來不孤獨，如果對方和我在價值觀或個性等方面是沒有交集的平行線，孤獨就會一直存在。

人們又問，要如何消除孤獨感呢？如果單純只是想有個可以對話的人，就去找人聊聊；如果想沉浸在浪漫中，可以在夜晚出去散步。如果有愛，本身就很少會感到匱乏。看看那些把寵物當成最親密家人的人們，會發現對象並不重要。當然愛情的本質不會變，不管是什麼樣的存在，只要相愛、被愛就可以了。如果某天被難以解釋的孤獨包圍，我想我會種些植物，當作家人一樣陪伴我。

當人生朝著自己想要的方向順利前進時，我也想遇到像摯友一樣感覺舒服自在又可愛的對象。當本質上的孤獨得到滿足時，在以前想像不到的條件下，我也想談場戀愛。例如：與能夠共享人生目標的人交往，與其盡情玩耍，不如一起追求更多財富和人生理想。再忙也有時間相愛，在愛中建立人生，但是現在，我的人生尚未有歸屬，彷徨仍在引領著我。

給處於倦怠期的朋友的建議

「最近有點奇怪，搞不太清楚。」

「什麼意思啊？」

「就……和戀人的關係本來就有很多苦惱，雖然相處很自在，但已經很少會有悸動的感覺了，我不知道問題出在哪裡。我去當兵時兩人也沒什麼問題，現在兩人都是上班族，應該差不多該考慮結婚了吧。事實上已經跟家人沒兩樣，只差還沒登記而已。但是現在要說我們在談戀愛，不如說比較像是因為有長久的感情才在一起的感覺。」

「吵架了？該不會想分手吧？」

「不是，因為太了解彼此了，所以也沒有什麼可以吵架的事。如果覺得會有問題，都會自己先小心的避開，可以說戀愛和各自的生活已經找到了平衡。平常覺得辛苦、累的時候，就像不安慰，但只要在一起就會帶來力量。準確的說，因為對方帶給我安全感。」

「內心並沒有冷卻，還是有火花，對吧？」

「嗯，他怎樣我不知道。但我覺得只要我沒事就好，所以曾經特地找時間坐下來談，但結果都一樣。」

「是倦怠期啊。是不是因為談戀愛會經歷的都經歷過了呢？不管做什麼都沒有新鮮感。雖然心裡覺得想要有點改變，但又不知怎麼做，我可以給你一點建議，從你的狀況來看，好像有點太在意倦怠期，想要努力解決。其實如果不要太在意等這個階段過去，感情就會一帆風順，現在等於是自找麻煩。就像習慣了不安，太平順反而會覺得哪裡不對。當長壽情侶的最大優點就是安全感，但如果這個安全感變成問題時，就會出現無法克服的鴻溝。」

「那該怎麼辦？」

「坦白的說出來吧。真的很愛對方，但心裡像發燒一樣快要爆炸的話，就慎重的與對方談談，和他一起解決。如果對方也愛你，會真心幫助你一起克服。有一點要注意的是不要轉嫁過度的不安，坦白吐露你的苦惱但不要反覆，我的意思是，不要為了同樣的問題而叨叨唸唸的。注意不要嘆氣，不要說好累這種話，應該表達想克服的意志，從心態到言行，都是真心努力的。用行動表現改變的樣子，重要的是要讓對方安心。」

「那樣做就可以了嗎？」

「如果對方記住你以前說過的話，很久之後偶然提出來，那種感覺很好吧？倦怠期時，很容易因為一點小事就傷心難過，找碴吵架。這種時候更要好好的說，不要讓情緒左右很重要。要像剛談戀愛時一樣，特別關心對方。表現出有心好好度過難關的意志，來消除不安和危機感。這樣一來，在順利度過倦怠期的同時，也會發現彼此不同以往的魅力，再次被吸引喔。」

「謝謝，你的意見對我很有幫助。」

「要說是意見，我認為更接近行動方針。與對方分享我心裡的想法，請求對方的協助，讓對方了解自己還是愛著他並不想分開。不安的時候一起合作克服，在逐漸減輕不安感的同時，也會加深你們的感情。說不定這會成為轉折點。因為是像家人一樣的關係，所以會覺得更幸福。我相信，只要兩人一起度過這個時期，愛就會更深厚。」

好好離別 可以再遇到愛

／沒有可以恢復原狀的離別

相愛的人分手常常是因為沒有別的辦法了，沒有繼續愛下去的意志，或是已經試過幾次卻沒有任何改善時。直到把「分手」說出口前，一直處於苦惱又苦惱的狀態，一旦關上了心，就很難恢復原狀。也許有人會想再堅持，但初衷已經消失了。之前或許有很多次可以阻止分手的機會，但卻錯過或沒有意識到，到最後只能走上分手一途。就算抱著不想留遺憾的心情再試一次，但結果也不會改變。如果對結果無法釋懷，就和對方斷了聯繫，在今後的痛苦中撐起保護傘才是唯一的解套方法。

如果還有留戀，有嚴重的後遺症，就應該抽出時間，專心療癒心靈的傷。

不要過度糾纏

我常對失戀的人說一句話，「在股票市場投資個二千萬吧，那麼就不會有心思去想如何挽回感情了。」這當然是開玩笑的話，不過逝去的愛情就不糾纏、挽回，第一，即使曾經愛過，分手後也不要再聯繫。兩人分手，主動提分手的一方也會經歷失去的痛苦，身邊空蕩蕩的。再聯繫但相愛的情分早已失去，就算復合也只是為了填補對方的空虛感，過不了多久還是會分開的。

第二，分手後不糾纏，好好過自己的生活，等到將來對方得知你過得很好會很驚訝，可能會對你另眼相看。當然這不能看作是對方又對你產生感情，他只是覺得意外，或是有種被反打巴掌的感覺。不要把他們的關心誤以為是想回頭，因為就算再復合，最終還是會因為相似的理由分手。

愛不是乞求來的

即使不想被愛情束縛，但人的心也不是像開關一樣可以輕易打開、關閉。捨不得曾經在一起的時間，也很難保持平常心，但千萬不要乞求愛情。乞求愛情的行為拙劣自私，會給對方帶來麻煩，而且也沒有必要貶低自己去追求愛情。雖然愛一個人，自己的心是熱烈深情的，但從對方的立場來看，不僅有負擔，對方也會認為你是個太執著於愛情的人。離開的公車和變心的人都絕對不會回頭，如果明知道行不通，就連一點可能性都不要去嘗試。

拋開迷戀

十丈水深可知，一丈人心難明，這句話套用在戀愛中也一樣。雙方記憶中愉快的時刻可能不同，分手後也是一方感到絕望，另一方可能漠不關心。毫無想法的看著對方上傳在社群網站上的動態，或是在手機裡出現的訊息，自己腦中擅自給予各種解讀。如果夢到他，就會想他是不是也會夢到我？平常一向理性的你，必須冷靜下來回顧自己，是不是被無謂的迷戀矇蔽了雙眼，帶著虛無的期待浪費時間。迷戀只是迷戀，在任何情況下都沒有幫助，分手的傷痛很難熬，但現在應該把過去拋開，過自己的人生吧。

一定要對心愛的人說的話

親愛的。從第一句話就堂堂正正的表達愛意，我可以自信的說，我比任何人都更愛你。希望以後我們的愛越來越深，無論遇到什麼難關，都不會放開彼此的手。一起旅行、互通郵件，創造珍貴的回憶，每天品味愛情的意義，除此之外，我就沒有其他期望了。

有時候你會這樣問我：「你為什麼會跟我在一起？」每次我都猶豫很久，最後只能露出微笑。抱歉，不是因為無話可說，而是有太多理由不知從何說起。因為想說的話很多，還想一一確認是不是愛。其實只要回答「因為愛你」就可以了，但是卻又想表達更多，還需要說什麼呢？我愛現在的你，我們緊握的雙手永遠是溫暖的，我們正相愛。這理由應該足夠了吧。

我想再看看我第一次寫給你的信，你拿給我看，信裡寫著：「你是充滿魅力和可愛的女人，為什麼總說自己不夠好呢？現在就承認吧，你是一個非常有魅力的人，所有人都說你漂亮又可愛。要有信心，我會每天在你耳朵旁悄悄的說你很漂亮、你很美，這樣好嗎？」不管是當時還是現在，我依然為你著迷，要不然怎麼會寫這麼甜蜜的信呢？看著信，我再次確認了我對你的愛始終沒有改變。所以我很安心。

我們工作都很忙，不能經常見面的時候，我就會思考愛情的本質到底是什麼。愛情是什麼？是心裡常在的熱切的思念嗎？那太抽象了。是等待一個夢寐以求的人嗎？那又有點矯情。那麼是在擁擠的人群一眼就看到你？這或許是最接近愛情的答案。不是浪漫電影裡的故事，而是自然而然的喊著你的名字：「○○啊。」「你來啦！」這才是完美的愛情。

配合彼此的步伐，分享著或許明天就會忘記的故事，這樣也很開心的話，就把這種感覺裝在記事本裡，不時回味，這就是愛情。先入睡的你或許忘了以前的開心記憶，但「我喜歡你」的意義會永遠存在裡頭。毫無修飾的坦率告白，被保存在書桌的第二個抽屜裡。

在計較多寡的戀愛面前

和異性正處於曖昧的朋友向我吐露苦惱。「當時覺得時機到了，所以就表白了，但他說需要時間想想。」我沒多想就回說：「是不是他還不確定？不會是只有你在搞曖昧吧？」朋友說：「不是拒絕，他只是說想再看看是不是要進一步發展成男女朋友關係。因為他是個傷痕累累的人。只是我不喜歡這樣模稜兩可的狀態……」

我一時不知該怎麼回答。我覺得，真正傷痕累累的人不會表達自己內心的想法，他們心理的話應該用「誘導」的才會說出來。也想過或許對方想在關係中搶占優勢，故意擺高姿態。但這都是我個人的推斷，可能會破壞兩人的關係，所以不敢隨便說出來。

但是可以確定的是，朋友因為對方的搖擺不定而正苦惱。朋友看起來很疲憊，好像失去了平常心。輕率的行動似乎會貶低自己的魅力，例如：對方一直沒有聯繫就一再傳訊息問「在忙什麼？」如果對方回訊息，不管正在工作中或是凌晨時分都會立刻回覆。在剛開始交往的關係中，事事互相計較多寡的時期，原有的魅力似乎也消失了。

雖然第三者不好做判斷，但我覺得朋友的這段戀情應該是沒有希望。想想還是傳了訊息給朋友。

「**人的心無法用另一個人的努力來改變**。越努力，越會形成虛假的氛圍，帶來不切實際的結果。不管是什麼時機都很重要啊，就像電影《婚禮的那一天》（*On Your Wedding Day*）裡說的一樣，愛情終究是看時機。比起你多想和對方在一起，更重要的應該是在適合的時機表白，這就是命運和緣分。如果在他緊閉心扉之前你出現的話，結果就不一樣了。這當然不是你的錯，也不是他的錯，是時機的問題。因為無法確定對方的想法，所以只能在曖昧階段看看有沒有進展的可能。」

接著我小心翼翼的給朋友建議。

「還是自然一點，在與對方現在保持的距離上表達心意。如果對方聯擊，就跟平常一樣回應，不要鉅細靡遺的交代自己的近況。對方說什麼就適當的回應，被動的同時保持親切的態度。如果對方回答的很簡短，你也用同樣的方式回覆，隔一段時間再回覆。重要的是根據與對方建立的距離感，維持在自己的位置上。」

朋友說對方在深夜回覆了，朋友的聲音聽起來很愉悅，但我冷靜的告訴他：「半夜三點才回覆，我看你怎麼像是巴巴等著主人的小狗啊。你想想，你們又還不是男女朋友，你這樣不會給人情聖的印象，而且還是個很容易應付的人。就算對你有好感也會消失。」

朋友反問我現在該怎麼辦？在這種情況下，就不要夢想任何結果，已經沒有選擇了……真正的戀愛是「毫無理由的順利」縮短彼此距離，最終取得圓滿的成果。現在只有重新調整心態，找回從容不迫的自己。保持魅力，保持「隨時都可以告白」的最佳狀態。最重要的是，一旦覺得心累就沒希望了，所以要準備好隨時都能奔跑的體力。

之後的結果就交給他們兩人自行發展了。兩人的努力、時機和運氣才能決定緣分，關係只有他們兩個人協調之下才能實現，比起明確的解決方案，我給朋友的更傾向是在現況之下可以採取的態度，這態度也有可能縮小兩人的距離。時機和命運，只希望朋友能抓住對的時機，取得成功。

後記

不需人見人愛也沒關係

希望你不要為了得到愛而愛。無論你的性格是有稜有角還是圓滑的人，重要的是「原本的樣子就很珍貴」，即使得不到對方的愛，得不到所有人的愛，又有什麼關係。「我知道自己是最珍貴的，所以沒關係。」只要這樣想就可以了。如果有人不喜歡我，就想「都是因為我太可愛了。」更加珍惜自己。當有人說「好吧，誰叫你這麼可愛」時，就代表成功了。

不要管別人過什麼樣的人生，要記得「你不需人見人愛」，集中心力過自己的人生。如果因不會拒絕而不得已陷入困境，不要鑽牛角尖，先拒絕吧。**如果被無禮的人像傻瓜一樣**

欺負，希望你能大聲吶喊叫他們住手。不要恐懼，你這樣做不會毀了人生。

不要執著於用各種標準來束縛自己，你只要為自己活，你要苦惱的只有如何為自己而活。看過這本書的你，以後打算怎麼生活？不是再當個對人人都善良的好人，而是要懂得在心中堅定意志，懂得集中於自己、熱愛自己的人生，為追求自己真正想要的東西而堅持走下去的人生。

選擇這種生活的時候到了。過去你在意世界和他人的眼光，現在你該為自己而活。希望透過這本書，帶給你勇氣和建議，集中心力，設計出符合自己的人生藍圖。希望這本拙作可以在你的人生中引起迴響。

國家圖書館出版品預行編目(CIP)資料

你不需人見人愛 / 利坪著 ; 馮燕珠譯 . -- 初版 . --
新北市 : 虎吉文化有限公司 , 2023.02
面 ;　公分 . -- (Mind ; 1)
譯自 : 모든 사람에게 사랑받을 필요는 없다
ISBN 978-626-96887-2-2(平裝)
1.CST: 人際關係 2.CST: 自我實現 3.CST: 生活指導
177.3　　111022380

虎吉文化

MIND 01

你不需人見人愛

모든 사람에게 사랑받을 필요는 없다

作　　者	利坪（이평）
譯　　者	馮燕珠
總 編 輯	何玉美
校　　對	張秀雲
封面設計	楊雅屏
內頁設計	楊雅屏
排　　版	陳佩君
行銷企畫	鄒人郁
發　　行	虎吉文化有限公司
地　　址	新北市淡水區民權路 25 號 3 樓之 5
電　　話	（02）8809-6377
客　　服	hugibooks@gmail.com
經 銷 商	大和書報圖書公司
印　　刷	沐春行銷創意有限公司
初版一刷	2023 年 3 月 1 日
定　　價	350 元
I S B N	978-626-96887-2-2

HUGIBOOKS

HUGIBOOKS

HUGIBOOKS

HUGIBOOKS